혼자 만화영화
좀 보는 게
어때서?

혼자 만화영화
좀 보는 게
어때서?

초판 1쇄 인쇄 | 2020년 5월 18일
초판 1쇄 발행 | 2020년 5월 25일

지은이 | 조헌주
펴낸이 | 박영욱
펴낸곳 | (주)북오션

편 집 | 이상모
마케팅 | 최석진
디자인 | 서정희·민영선

주 소 | 서울시 마포구 월드컵로 14길 62
이메일 | bookocean@naver.com
네이버포스트 | post.naver.com/bookocean
전 화 | 편집문의: 02-325-9172   영업문의: 02-322-6709
팩 스 | 02-3143-3964

출판신고번호 | 제313-2007-000197호

ISBN 978-89-6799-539-3 (03810)

이 도서의 국립중앙도서관 출판예정도서목록(CIP)은 서지정보유통지원시스템
홈페이지(http://seoji.nl.go.kr)와 국가자료공동목록시스템
(http://www.nl.go.kr/kolisnet)에서 이용하실 수 있습니다.
(CIP제어번호: CIP2020016278)

*이 책은 북오션이 저작권자와의 계약에 따라 발행한 것이므로 내용의 일부 또는 전부를
 이용하려면 반드시 북오션의 서면 동의를 받아야 합니다.
*책값은 뒤표지에 있습니다.
*잘못 만들어진 책은 구입하신 서점에서 교환해 드립니다.

혼자 만화영화 좀 보는 게 어때서?

조헌주 지음

북오션

　우리는 많은 고민을 안고 살아간다. 시기별로 하게 되는 진로, 취업, 직장 생활, 결혼에서부터 가족, 친구, 동료 등의 관계적인 고민들까지……. 이 중에는 노력해서 해결할 수 있는 문제도 있지만, 그렇지 않은 고민도 있다. 때로는 자신의 힘으로 어찌할 수 없는 상황이 오기도 한다. 가끔 복잡한 일들로 생각이 많아지고, 마음이 시끄러워질 때 난 잠시나마 그 고민에서 벗어나려고 이야기에 빠져들곤 한다. 드라마나 영화를 보면서 집중하고, 배우가 말하는 대사 속에서 위로를 받고, 때로는 해결책을 얻기도 한다. 그러면서 생각한다. '이게 뭐라고 이렇게 내 마음을 들었다 놨다 하지?'

생각해 보니 어린 시절에도 난 만화영화와 늘 함께였다. 일요일 오전이면 어김없이 나오는 작은 상자 속의 주인공들을 보며 함께 울고 웃었다. 학창 시절에 공부가 아닌 관계 속에서 고민하는 〈키다리 아저씨〉의 주디를 보면서 나의 학창 시절과 닮아 공감했고, 힘든 상황 속에서도 꿋꿋이 살아가는 〈플란다스의 개〉 네로를 보면서 감사하지 못하는 삶을 반성하기도 했다. 그렇게 나에게 작지 않은 영향력을 주었던 만화영화 속의 주인공들을 떠올리며 '그들이 만약 나처럼 어른이 되었다면 지금쯤 어떤 삶을 살고 있을까?'라는 상상도 해보았다.

마치 초등학교 때 전학 간 친구의 소식이 궁금한 것처럼 만화 속 주인공의 소식이 궁금해졌고, 나의 유년기와 함께 울고 웃었던 애니메이션들이 생각났다. 난 다시 그들을 소환하기 시작했다.

"꿈은 도망가지 않아. 언제나 도망가는 것은 자신이야."

짱구에 저런 대사가 있었다고? 짱구라고 하면 말썽만 피우는 꼬마 아이라는 인식이 강했는데, 애니메이션 짱구를 보면서 전에는 보이지 않던 다른 것들이 들어왔다. 짱구 아빠의 고단함, 부모의 자식에 대한 사랑, 가족의 끈끈함, 이웃의 정…… 이러한 것들이었다. 같은 애니메이션이었지만 어렸을 때 보던 것과 어른이 돼서 보는 것은 완전히 달랐다. 그동안의 경험에 대입함으로써 공감할 수 있는 범위가 넓어져서일까. 주인공 시점에서만 보던 캐릭터의 시야가 확장됨을 느꼈다. 각자의 캐릭터를 이해하고 공감하며, 이야기에 자극을 받기도 하고, 도전을 받고, 위로를 받기도 했다. 그리고 나도 모르게 대사들을 받아 적고 있었다. 드라마나 영화를 보면서 좋은 대사들을 수집하는 건 나의 오랜 습관이기도 하다. 그렇게 한 자 한 자 써 내려가다 보니 나도 모르는 사이에 종합 선물 세트가 되어 있었다.

어른이 되면 더 현명해질 줄 알았는데 언제나 실수하고, 그 실수를 통해 배우는 건 어렸을 때와 마찬가지인 것 같다. 누군가와 함께 더불어 살아간다고 하지만 가장 중요한 건 역시나 자신을 잘 아는 일이고, 지키는 일이다. 남들이 말하는 내가 중요한 게 아니라, 내가 생각하는 내가 중요한 것이고, 그 누구보다 자신을 보듬어주고 감싸 줘야 한다. 주변의 어떠함과 상관없이 자신이 가진 것들에 감사하고, 현재의 순간을 최고로 누리며 살라고…… 어른이 되어서 조금은 울적해진 나에게 애니메이션 주인공들은 같은 목소리로 말하고 있었다.

이 책이 어른이 되고 싶어 어른이 되어버린, 어른이 되기 원하지 않았지만 어른이 되어 자신이 선택한 최선의 모습으로 살아가고 있는 사람들에게 작은 희망이 되며 위로가 되기를…….

조현주

목차

머리말 • **4**

CHAPTER 1 나답게 살기

01 운명은 정해져 있는 것이 아니다 • **14**
02 나를 가장 인정해주고 사랑해줄 수 있는 사람 • **20**
03 나쁜 기억도 삶의 일부라는 걸 • **26**
04 흔들리지 않는 정체성 • **30**
05 한계를 인정한다는 것 • **35**
06 작은 목소리에 귀를 기울이기 • **39**
07 열심히 사는 것보다 더 중요한 것 • **44**
08 나만의 강점 찾기 • **48**
09 비법은 바로 내 안에 • **53**
10 삶의 우선순위에 대하여 • **58**

키다리 아저씨 | 은하철도 999 | 짱구는 못 말려 : 폭풍수면 꿈꾸는 세계대격돌 | 밀림의 왕자 레오 | 로봇 태권브이 | 피노키오 | 플랜더스의 개 | 호호 아줌마 | 피구 왕 통키 | 엄마 찾아 삼만 리

CHAPTER 2 기다린다는 것

01 실패는 성장이다 • **64**
02 기적은 스스로 만드는 것이다 • **68**
03 시간을 아낀다는 의미 • **73**
04 습관의 힘 • **77**
05 어른이 된다는 건 • **81**
06 인생은 환상 그 자체 • **86**
07 생생하게 그려라. 반드시 이룰 수 있을 테니 • **90**
08 완벽한 타이밍 • **94**
09 끝날 때까지 끝난 게 아니다 • **99**
10 처음으로 되돌리기 • **103**

영심이 | 나디아 | 요술공주 밍키 | 뽀빠이 | 우주소년 아톰 | 스펀지 밥 | 요술공주 밍키 | 개구쟁이 스머프 | 슬램덩크 | 명탐정 코난 극장판 10기 (탐정들의 진혼가)

CHAPTER 3 감정근육 기르기

01 추억 소환 • **110**
02 감정, 내가 선택하기 • **114**
03 슬픔을 등에 지고 살아간다는 것 • **119**
04 작은 움직임이 주는 효과 • **124**
05 미래를 아는 것보다 중요한 건 현재를 사는 것 • **128**
06 슬픔과 괴로움을 뛰어넘어 • **133**
07 상대하기 싫은 사람을 상대해야 할 때 • **137**
08 결국 모든 것의 사랑 • **142**

09 사랑이란 • **146**
10 매일 쓰는 감사일기의 힘 • **150**

영심이 | 곰돌이 푸 | 들장미 소녀 캔디 | 달려라 하니 | 개구쟁이 스머프 | 엄마 찾아 삼만 리 | 독수리 오형제 | 로봇 태권브이 | 피노키오 | 곰돌이 푸

CHAPTER 4 생활의 달인

01 진짜 좋아하는 일을 찾는 법 • **158**
02 내가 생각하는 진정한 교육적 마인드 • **164**
03 잠재력을 알아봐 줄 수 있는 멘토를 만나는 것 • **169**
04 삶의 자리에서 최선을 다한 사람 • **174**
05 생활의 달인 • **178**
06 선택 장애 • **184**
07 인공지능을 다루는 방법 • **189**
08 진짜 승자는 져줄 줄 아는 사람 • **193**
09 때로는 모르는 게 약일 때도 있다 • **198**
10 내가 아니면 누가 하랴 • **203**

슬램덩크 | 피구 왕 통키 | 달려라 하니 | 독수리 오형제 | 곰돌이 푸 | 은하철도 999 | 나디아 | 밀림의 왕자 레오 | 플랜더스의 개 | 드래곤 볼

CHAPTER 5 달콤 쌉싸름한 인생

01 월요병 퇴치 방법 • **210**
02 내면을 보는 안목 • **214**

03 사랑을 능가하는 책임 • **219**
04 상대방을 애타게 만드는 방법 • **224**
05 사람의 마음을 얻는 일 • **228**
06 친구라는 건 • **232**
07 말은 생각의 전부다 • **237**
08 관계 다이어트 • **242**
09 함께 추는 춤의 매력 • **248**
10 지켜야 할 것이 있다는 것 • **252**

톰 소여의 모험 | 명탐정 코난 | 들장미 소녀 캔디 | 톰 소여의 모험 | 드래곤 볼 | 스펀지 밥 | 명탐정 코난 | 키다리 아저씨 | 개구리 왕눈이 | 짱구는 못 말려 : 어른제국의 역습

CHAPTER 6 인생은 숙제 아닌 축제

01 착한 아이 콤플렉스 • **260**
02 믿음을 잃지 않는다는 것 • **265**
03 내면의 진정성에 대하여 • **270**
04 너 자신부터 사랑해 • **274**
05 중요한 건 내가 생각하는 나 • **279**
06 나를 믿어주는 단 한 사람 • **283**
07 직접 세상을 보고 만지는 힘 • **288**
08 젊게 살기에 너무 늦은 나이란 없어 • **292**
09 가장 최고의 것이 오고 있는 중이니까 • **297**
10 좋은 지도자가 세상을 이끌어 주었으면… • **302**

신데렐라 | 인어공주 | 알라딘 | 미녀와 야수 | 인어공주 | 라이언킹 | 알라딘 | 백설공주 | 인어공주 | 라이언킹

운명은 정해져 있는 것이 아니다

나를 가장 인정해주고 사랑해줄 수 있는 사람

나쁜 기억도 삶의 일부라는 걸

흔들리지 않는 정체성

한계를 인정한다는 것

작은 목소리에 귀를 기울이기

열심히 사는 것보다 더 중요한 것

나만의 강점 찾기

비법은 바로 내 안에

삶의 우선순위에 대하여

나답게 살기

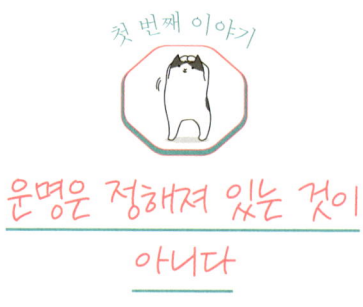

첫 번째 이야기

운명은 정해져 있는 것이 아니다

〈키다리 아저씨〉

삶의 방향성을 잃어버렸을 때, 나 자신에 대한 확신이 없을 때 누군가 의지할 대상을 찾게 된다. 애매하고 모호하게 느껴지는 자신의 삶에 누군가 "이렇게 해라"라는 정확한 방향성을 내려줬으면 하는 것이다. 하지만 인생이란 게 무 자르듯이 그렇게 정확한 답변을 내릴 수 있는 것일까?

고민하고 방황하는 시간이 아깝고 힘들기도 하지만 그 시간이 쓸데없이 낭비되는 것만은 아니다. 필요한 시간이기에 주어지는 것이고 우리는 그 안에서 애초부터 인생에는 정답이 없다는 것을 알아야 할지도 모른다.

사주 카페가 유행하던 시절이 있었다. 나는 대학은 들어왔지만 앞으로 무엇을 하며 살아야 할지 막막했다. 꿈만 먹고 살 수도 없는 노릇이고, 꿈이 있다고 해서 나랑 맞는 일인지도 몰랐다. 이런저런 생각을 하며 그저 대학 생활이라는 허울 아래 친구들과 삼삼오오 몰려다니며 시간을 보내고 있을 때였다. 인생에 대해 뚜렷한 비전이 있을 리도 만무했고, 그저 주어지는 대로 여느 대학생들처럼 그렇게.

요즘의 대학 분위기는 또 다르게 바뀌었을지도 모르지만, 대학 새내기라는 이름으로 서울 시내 이곳저곳을 탐방 다녔었다. 그러던 어느 날 우리는 유명하다는 사주 카페에 들어갔다.

"태어난 날과 시간 좀 알려주세요."
"태어난 날은 6월 11일이고, 시간은 모르겠는데요."
"태어난 시간을 알아야 정확하게 사주를 볼 수 있어요."

곧바로 전화기를 들고 엄마한테 물어보았다. 그러나 엄마는 역시나 내가 태어난 시간을 정확하게 기억하지 못하셨다. 그 당시만 해도 아들이 귀하던 시대였다. 이미 엄마는 딸 둘을 낳은 상태였기 때문에 내심 기대하고 있었을지도 모른다. 그런데 또 딸인 내가 태어났다. 자식을 낳았다는 기쁨도 있었겠지만, 딸일까 아들일까 초조하게 기다리고 있다가 조금은 실망이 되었을지도 모르겠다. 옛날에는 지금처럼 미리 딸인지 아들인지 알 수 없었으니까. 그래서 정확하게 태어난 시간까지는 생각이 안 나는 걸지도…. 아버지는 셋째가 딸인 걸 알고 바로 술을 드시러 갔다고 했다. 선글라스 한 쪽에 알이 빠진지도 모른 채.

 엄마가 태어난 시간을 정확하게 기억하지 못하는 바람에 나는 나의 운명을 사주 따위에 맡겨보겠다는 알량한 마음조차 갖지 못했다. 어차피 정확하게 알 수 없을 바에는 볼 필요가 없었으니까. 하지만 사주를 보고 싶은 마음이 들 때가 정말 많았다. 나에게 불어오는 바람들을 다 막아낼 심지가 굳건하지 않았기 때문이었다. 이리 휘청, 저리 휘청거리며 내 운명은 과연 어디로 흘러가게 되는 것일까에 대한 고민이 끝도 없이 이어지던 시절이었다.
 그때 그런 고민들을 서로 나누며 지내던 친구가 있었다. 그 친구는 사주를 보고 점집에 가는 것을 좋아했다. 자신의 인생이 불안하다고 생각해서 용하다는 점집을 찾아다녔다. 그때마다 점쟁이가 해줬던 말을 나에게 전해주었다. 점을 보러 가는 곳마다 친구에게 절대 20대 때 결혼하지 말라고 했다고 한다. 그랬다가는 이혼을 하고 큰 우환이 닥칠 거라고.
 그런데 그 친구는 20대 중반이 넘어선 즈음에 결혼했다. 게다가 아이 둘을 낳고 아주 행복하게 잘 살고 있다. 아직 점쟁

그 일을 재미있는 경험이라 여기고,
고통을 기꺼이 받아들일 생각입니다.
'내가 어떤 하늘을 이고 있든,
나에게는 모든 운명과
맞설 용기가 있다' 라는 말처럼.

이가 해줬던 말을 기억하고 있을지는 모르겠지만 말이다. 만약 점쟁이가 해줬던 말을 운명이라 생각하고 믿고 살았더라면 어떻게 됐을까?

중요한 사실은 운명은 정해져 있지 않다는 것이다. 그리고 충분히 자신의 생각에 따라 바꿔나갈 수 있다. 내가 바라고 상상하는 만큼 인생은 펼쳐진다.

어쨌든 이런 생각으로 나는 남의 말에 의지하지 않고 불어오는 바람에 휘청거리기도 하면서 버텨왔다. 그 안에서 깨달은 사실이 있다면 아무리 거센 바람이라도 결국 불다 멈춘다는 것이다. 당시에는 너무 힘들고 괴로울지라도 그 시간은 분명 지나가고, 또 일어나는 모든 일이 그냥 일어나지는 않는다. 나중에 퍼즐을 맞춰보면 힘겨운 그 순간이 꼭 필요한 시간이었다는 것을 알게 된다. 그래서 어떤 일이 일어날 때 그것을 바라보는 시선이 달라지기 시작했다.

> 그 일을 재미있는 경험이라 여기고,
> 고통을 기꺼이 받아들일 생각입니다.
> '내가 어떤 하늘을 이고 있든,
> 나에게는 모든 운명과 맞설 용기가 있다' 라는 말처럼.

〈키다리 아저씨〉의 주디는 이런 인생의 원리를 일찍부터 알고 있었던 것 같다.

　이제는 나도 어떤 일이든 재미있는 경험이라 여기며, 그 과정들 속에서 배울 거리를 찾는다. 언제나처럼 그 또한 지나갈 것임을 알기에, 거기 파묻혀서 부정적인 생각을 하며 나를 갉아먹지 않게 말이다. 그 일을 통해서 배우고, 그 다음에 있을 더 큰 일들을 보는 것이 더 현명한 일이기 때문이다.

　참 이렇게 생각하기도 어렵고, 알면서도 행하기 어렵지만 이런 삶의 자세가 습관이 되다보면 그것은 나의 운명이 된다. 운명은 절대 정해져 있는 것이 아니다. 그러니 스스로 운명을 만들어 가며 빛나는 인생을 살아야 한다.

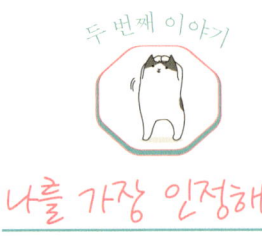

두 번째 이야기

나를 가장 인정해주고 사랑해줄 수 있는 사람

〈은하철도 999〉

부족하다고 느끼는 것. 그래서 만족하지 못하고 끊임없이 집중하게 되는 것. 우리는 그것을 '콤플렉스'라고 부른다. 사람은 누구나 콤플렉스를 안고 살아간다. 어떤 사람은 콤플렉스 안에 갇혀서 살아가지만 또 어떤 사람은 콤플렉스를 매력으로 탈바꿈하는 경우도 있다. 어쩌면 인생은 자신의 콤플렉스라 생각하는 부분을 어떻게 받아들이고, 처리하느냐에 따라 달라진다고도 할 수 있다. 가지지 못한 부분에 집중하며 살아갈 것인가, 아니면 그 콤플렉스마저 나의 한 부분으로 인정하며 사랑해줄 것인가 하는 것은 순전히 자기 선택의 몫이다.

어렸을 때 나의 콤플렉스는 까만 피부였다. 까만 피부 때문에 촌스럽다는 생각을 했고, 자신감이 없었다. 어느 날 한 친구가 약을 가지고 왔는데, 바르면 피부가 하얗게 된다고 했다. 내가 그런 걸 놓칠 리가 없었다. 하지만 열심히 약을 바른 결과는 홍조였다. 하얘지기는커녕 부작용이 나서 홍당무처럼 빨개진 얼굴로 며칠을 고생해야 했다.

중·고등학교 시절을 그렇게 보내고 대학생이 되었다. 이제는 좀 예뻐지나 했는데 성인 여드름이 나기 시작했다. 20대 초반의 꽃다운 시기에 누려야 할 것들을 누리지 못하고 나는 여드름과의 혈투를 벌여야만 했고, 더 큰 자존감 하락으로 이어졌다. 그렇게 되니 모든 일에 자신감이 없었다. 내가 가진 것보다는 없는 것에 초점이 맞춰지고 남의 인생을 부러워하기 시작했다. 그것만큼 어리석은 것도 없는데 말이다.

이후에도 나는 끊임없이 나에게 주어진 것들을 누리지 못하고, 없는 것들에 신경을 쓰며 기울어진 인생을 살았다. 계속 나에게 부족한 부분만 보이기 시작했고, 그 태도는 바로 삶에 대한 불만으로 이어졌다. 그렇게 나도 모르게 부정적인 사람으로 변해가고 있었다.

그러던 어느 날, 〈은하철도 999〉가 주는 메시지 앞에서 무릎을 탁 쳤다. 방영한 지 오랜 시간이 지났지만 지금 봐도 공감되는 부분이 많다.

〈은하철도 999〉의 주인공 철이는 영원히 살 수 있는 기계인간이 되기 위해 여행을 떠난다. 그런데 인간의 몸을 원하는 기계인간인 라라를 만나게 되고 라라의 몸과 영혼이 바뀌는 봉변을 당한다. 철이는 자신의 몸을 빼앗은 라라를 쫓아가며 이런 말을 한다.

> "난 숏다리에 얼굴도 못생겼지만 내 몸이 좋아. 어서 내 몸을 돌려줘.
> 내 몸엔 엄마, 아빠의 피가 흐르고 있단 말야.
> 그리고 내 몸에는 나의 경험과 추억들이 들어 있어.
> 난 이런 내 몸이 좋아! 어서 내 몸을 내놔!"

영원히 살고픈 욕심에 기계인간이 되고자 했지만, 막상 몸이 바뀌는 경험을 하고 나니 자신에게 주어져 있던 것이 얼마나 소중한지 알게 되었다는 내용이었다. 그동안 나에게 좋지 않은 피부를 물려줬다며 부모님을 원망했던 나의 모습이 떠올랐다. 그리고 얼마나 나를 미워하며 살았는지 반성하는 계기가 됐다. 그러자니 문득 웃음이 났다. '만화를 보면서 나를 돌아보게 될 줄이야.'

그동안 나를 너무 혹사시키며 살아왔다는 생각이 들었다. 나의 몸을 우선시하지도 않고 좋은 음식들도 먹지 않으며 소홀히 대했다. 무엇보다 중요한 건 나 자신을 그대로 인정하고 사랑해주는 일인데 말이다. 그때부터 의식적으로 난 나에게 무한

한 사랑을 보내기 시작했다. 반복 또 반복하면서. 그러자 내 안에 있는 부정적인 마음들이 조금씩 사라지고 삶에 생기가 도는 것을 느낄 수 있었다.

어리석게도 나처럼 많은 사람들이 자신이 가지고 있는 것들을 과소평가하며 살고 있다. 그러면서 자신은 안 된다고 자책하며, 자신은 절대 행복해질 수 없노라 단정한다. 하지만 자신이 가지고 있는 작은 씨앗을 발견하고, 그곳에 끊임없이 물을 주기 시작하는 순간 인생은 절대적으로 달라진다. 사랑이라는 물만 매일 조금씩 주면 된다. 어찌 보면 너무나도 뻔하고 쉬운 방법이라 할 수 있는데, 사실 그만한 약도 없다고 생각한다. 로렌스 크레인은 《러브 유어셀프 *Love your self*》에서 이렇게 말하고 있다.

"자신을 사랑하는 법을 배운다면 그 이상을 가질 수 있습니다. 무언가 되고 싶다면 자신을 사랑하는 법을 배워 그 이상이 될 수 있습니다. 자신을 사랑한다면 그 무엇도 불가능하지 않습니다. 가장 강력한 도구는 사랑이고 나를 위해 열심히 뛰어 주고 있는 심장이 그 증거이며 도구입니다. …… 자신을 사랑하는 법을 배우면, 이 세상은 당신의 것이 됩니다. 자신을 사랑하는 법을 배우면 최고의 에너지 속에서 살게 됩니다. 느낄 수 있는 최고의 감정 속에서 살게 됩니다."

"난 숏다리에 얼굴도 못생겼지만 내 몸이 좋아.
어서 내 몸을 돌려줘.
내 몸엔 엄마, 아빠의 피가 흐르고 있단 말야.
그리고 내 몸에는 나의 경험과 추억들이 들어 있어.
난 이런 내 몸이 좋아! 어서 내 몸을 내놔!"

내가 어떤 사람이든, 어떤 모습을 하고 있든 스스로를 인정하고 사랑해줄 때 변화는 시작된다. 나를 인정하고 사랑하지 않고서 하는 모든 자기 계발과 변화는 무의미하다. 타성처럼 또 부정적인 생각들을 습관처럼 하고 있을 테니까.

나 또한 나도 모르게 예전의 습관으로 돌아 갈까봐 계속해서 훈련하고 있다. 완전한 습관으로 자리 잡을 수 있게. 최고의 에너지와 좋은 감정으로 오늘을 살아가기 위해. 그리고 나를 아끼고 사랑하기 위한 실천으로 이제껏 미뤄왔던 건강검진을 받기 위해 예약을 했다.

세 번째 이야기

나쁜 기억도
삶의 일부라는 걸

〈짱구는 못 말려 : 폭풍수면 꿈꾸는 세계대격돌〉

  떨어진 낙엽을 밟는 소리, 비닐이 바람에 스치는 소리만 들어도 소스라치게 놀라는 친구가 있었다. 하루는 앉아 있던 친구의 뒤에서 놀라게 하는 장난을 쳤다. 그 친구는 생각했던 것 이상으로 엄청 화를 내며 자리를 박차고 나가버렸다. 멋쩍었다. 그러다 오히려 그 친구가 이상하게 느껴졌다. '뭘 이런 거 가지고 그렇게 화를 내지?'

  나중에 친구는 말했다. 대학교 1학년 때였다고 했다. 지방에서 살았는데 버스에서 내리고도 시골길로 20분 정도를 걸어야 자신의 집이 나왔다고 했다. 어느 날, 버스에서 내려 집에 가는데 누군가 뒤에서 따라오는 것 같더란다. 무서워서 빨리 걷는

데 그 순간 뒤에서 자신의 입을 막고 어디론가 끌고 갔다고 했다. 그날따라 사람이 지나가지도 않았다고. 그래도 계속 온 힘을 다해 소리를 쳤고, 다행히도 자전거를 타고 가던 어떤 아저씨가 달려와서 구해줬다고 했다. 소리를 지르고 반항하자 범인은 친구 얼굴을 때리기까지 했다고 한다. 그 상처로 인해 한동안 집에서 나오지도 못했단다. 하지만 범인은 잡을 수 없었다고 한다. 그래서 사사삭하는 소리만 들려도 소스라치게 놀라는 것이었다. 그 다음부터 난 누구에게도 장난을 치지 않는다. 나는 장난이라고, 재미있으라고 한 것이 상대방에게는 무서움이고 두려움일 수도 있기 때문이다.

친구의 이야기를 들으면서 〈빨간 모자〉라는 동화가 생각났다. 동화 속의 주인공 '빨간 모자'는 할머니로 변장한 늑대에게 잡아먹힐 뻔했다. 소녀에게 늑대라는 존재는 흔히 말하는 트라우마가 되었을 것이다. 비슷한 것만 봐도 소스라치게 놀라게 되는 두려움의 대상 말이다.

흔히 자신에게 예상치 못한 사건이 생기고 그것이 '나 때문이야'라는 자책이 될 때 자꾸만 회피하고 싶어진다. 그리고 비슷한 상황이 오면 불안함이 배가 된다. 그렇게 좋지 않은 감정이 쌓여간다.

〈짱구는 못 말려〉에서 보라도 이런 트라우마를 가지고 있지 않았을까. 그녀에겐 어린 시절 사고로 돌아가신 엄마에 대한 트라우마가 있었다. 그게 바로 자신 때문이라고 자책을 한다. 보라는 자꾸 악몽을 꾸었다.

보라의 아빠는 딸을 악몽으로부터 지켜주기 위해 사람들의 꿈 에너지를 사용해서 꿈꾸는 세계를 만든다. 보라가 짱구네 유치원으로 전학을 온 다음부터 마을 사람들은 악몽에 시달린다. 마을 사람들이 이 사실을 알았을 때 보라는 동네를 떠나 이사를 가면 괜찮아진다고 한다. 그럼 이 마을은 또 원래대로 돌아온다고. 하지만 그때 짱구 아빠는 이렇게 외친다.

"꿈은 도망가지 않아.
언제나 도망가는 것은 자신이야."

보라의 아빠는 보라의 악몽을 감추고 회피하기에 급급했다. 하지만 그 사실을 알게 된 짱구와 짱구 엄마는 보라가 좋은 꿈을 꾸게 하기 위한 작업을 했다. 바로 직면하게 하는 방법이다. 그저 꺼내놓고, 표현하고, 거기에 새 살을 덮어주는 것이었다.

회피하려고 하면 할수록 극복하려는 의지를 오히려 앗아간다. 진실을 쟁취하려면 위험으로부터 회피하고 도망치는 것이 아니라 맞서야 한다는 것을 우리는 너무나도 잘 안다. 잘 알면서도 실천하기 힘들지만 말이다. 그래도 그걸 위해 내 마음을 알아주고 노력해주는 단 한 사람만 있어도 치유는 일어난다. 짱구 엄마는 꿈속으로 들어와 악당들을 물리치며 말한다.

> "자식이 위기에 빠졌는데 가만히 있을 부모가 어디 있어.
> 그런 부모는 어디에도 없어.
> 부모에게 자기 자식은 목숨보다 소중해.
> 모든 엄마들은 자기 자식들을 원망하지 않아."

보라는 짱구 엄마를 통해서 자신의 엄마를 만난다. 그리고 슬픈 기억도 삶의 일부로 받아들일 수 있는 방법을 배운다.

회피하면 그 순간은 괜찮다는 생각이 들지만 언제나 마음속에 똬리를 틀어 괴롭힐 수 있다. 모든 일이 그렇다. 모든 걸 없애려고 하는 것이 중요한 게 아니라 받아들이는 게 중요하다. 받아들이고 인정해 버리면 그냥 아무 것도 아니다.

나는 보라에게 배운다. 나의 친구도, '빨간 모자'도 아마 이렇게 회피하지 않고 직면하면서 자신의 삶의 부분이라 받아들이며 인정했을 것이다. 그리고 우리 모두는 이렇게 말할 것이다.

"이젠 괜찮으니까. 난 혼자가 아니니까."

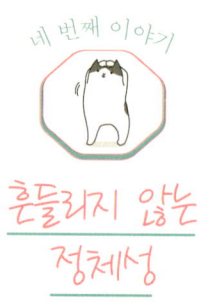

네 번째 이야기
흔들리지 않는 정체성

〈밀림의 왕자 레오〉

　예전에 형제, 자매들이 많이 있는 집에서는 이름에 돌림자를 쓰곤 했다. 우리 집도 네 남매로 가족 구성원이 적은 편은 아니었다. 돌림자를 의도한 건 아니었다고 하는데 공교롭게도 나를 뺀 형제, 자매의 이름에 '희'자가 들어간다. 그래서 어렸을 때 어른들이 나에게 장난을 많이 쳤다.
　"넌 아마 다리 밑에서 주워 왔나보다."
　그런데 절대 아니라고 생각했던 일도 계속해서 말을 들으면 의문이 드는 순간이 온다. '진짜 나 어디서 주워 온 딸 아닐까?' 하는 식으로 말이다. 정말 그렇다고 한다면 혼란스러울 것 같았다.

넌 사자, 난 인간이지만
우린 마음의 끈으로 연결돼 있어.

방송 작가로 일할 때 '입양의 날'을 맞이하여 기획한 다큐멘터리 프로그램을 맡아서 한 적이 있었다. 어린 시절에 외국으로 입양되어 살다가 20세가 되어서 한국 부모님을 찾고 싶다고 신청한 주인공의 삶을 보여주는 프로그램이었다. 그런데 한국에 와서 실제 자신을 낳아준 부모님을 찾았지만 정작 그분들은 자신들이 밝혀지고, 자식을 만나는 것을 원치 않으셨다. 그래서 프로그램으로 만들지는 못했다. 이런 상황을 지켜보면서 '그 친구의 마음에 얼마나 상심이 컸을까?' 하는 생각이 들었다. 입양되었던 친구는 어쩌면 평생 자신의 친부모님 보는 날만 손꼽아서 기다렸을 수도 있는 건데……. 분명 밝힐 수 없었던 사연이 있었으리라.

그러면서 삶의 뿌리, 즉 정체성이라는 것에 대해 다시 한 번 생각하게 되었다. 자신이 태어나고 자란 환경이 자신의 정체성을 형성하는 것이 아닐까? 누구든 결국 자신의 근원을 찾고 싶어 하게 되는 것일까? 그것이 그렇게 중요한 걸까?

갑자기 늑대 소년의 이야기가 생각났다. 사람으로 태어났지만 아주 어린 시절부터 동물들과 생활을 하면서 의사소통을 할 수 있던 아이 말이다. 그리고 보면 우리가 몰라서 그렇지 익숙한 이런 동화나 만화의 주인공들이 실제 어딘가에서 그렇게 살고 있을 수도 있을 것 같다.

〈밀림의 왕자 레오〉에서 사람과 함께 생활한 레오의 정체성에 대한 혼란은 어쩌면 비슷한 종류의 것일지도 모른다.

> "아빠~ 전 짐승인가요, 아닌가요?
> 대체 어느 쪽이죠? 나… 어떡해야 해요?
> 가르쳐주세요, 네? 가르쳐주세요."

레오는 어린 시절, 아빠에게 자신이 짐승인지 인간인지에 대해 묻는다. 자신의 뿌리를 정확히 알고 그에 대한 정체성을 확실히 갖는다는 건 사람이고 동물이고 간에 굉장히 중요한 일인가 보다. 사실 거기서부터 자신의 삶의 방향이 시작되기 때문이다. 자신의 정확한 정체성이 있으면 어떤 일이 닥쳤을 때 흔들림이 덜 한 건 분명하다. 레오는 함께 어울렸던 친구를 통해 자신의 질문에 대한 명확한 대답을 듣는다.

> "넌 사자, 난 인간이지만 우린 마음의 끈으로 연결돼 있어."

꼭 이런 정체성의 문제가 아니더라도 누구든 삶에서 혼란을 겪을 때는 분명 온다. 어떤 뿌리로 인한 자신의 정체성을 찾고 인생의 방향을 설정하는 것도 중요하다. 하지만 그보다 더 중요한 건, 어떤 연결고리로서 자신을 바라보는 것이 아니라 그 무엇에도 얽매이지 않고 홀로 설 수 있는 자신을 바라보고 인정해 주는 일이다.

물론 힘든 일이기는 하다. 우리는 어렸을 때부터 끊임없이 누군가가 말해주는 것들을 바탕으로 자신에 대한 인식을 형성해 나가기 때문이다. 하지만 애초부터 그런 뿌리와 환경으로 오는 것들을 배제하고, 나 자신에 대한 본질적이고 근원적인 질문을 가지며 자신만의 확고한 정체성을 확립하는 일이 중요한 게 아닐까. 그러니 자신의 정체성을 누군가로 인해 결정되게 두지 말자. 조금 답답하고 천천히 가더라도 자신과의 대화 속에서 자신의 정체성을 찾는 방법을 익혀야 한다. 그럴 때에야 누구의 말에도 흔들리지 않을 수 있으니까.

다섯 번째 이야기

한계를 인정한다는 것

〈로봇 태권브이〉

30대는 오지 않을 것만 같았다. 오더라도 내 인생에는 더디게 올 줄 알았다. 그런데 이제는 부정하고 싶은 40대가 올 거라는 것을 알고 있다. 앞에 3이라는 숫자를 맞으면서 슬플 줄 알았는데 오히려 편안함을 느꼈다. 누구보다 치열하게 살았던 20대를 보내면서 내가 할 수 있는 것과 할 수 없는 것을 구분했기 때문이다. 그리고 할 수 없는 것에 대해 미련을 갖지도, 무모하게 도전을 하지도 않게 되었다.

명백하게 나의 한계에 대해 인정할 수 있었던 것이다. 한계를 인정한다는 것은 나를 힘들게 하는 것에 열정을 쏟지 않겠다는 뜻이기도 하다. 희한하게도 한계를 알고, 인정하고 난 다음부터 인생이 더 자유로워짐을 느꼈다. 그리고 전에는 보이지 않던 다른 것들이 보이기 시작했다. 그 안에서 삶의 의미와 재미를 발견하게 되었고, 행복감을 느끼게 되었다.

대부분의 사람들은 한계를 뛰어 넘어야만 성공할 수 있다고 말한다. 하지만 나는 다르게 말하고 싶다. 한계를 인정하면 그때부터 행복을 느낄 수 있을 거라고.

한계를 인정한다는 것은 삶의 테두리를 넓히는 일이기도 하다. 마이크로소프트사의 빌 게이츠는 탁월한 사업가이기는 하지만, 그렇다고 모든 사업 영역을 완벽하게 꿰뚫고 있는 사람은 아니다. 오히려 자신이 잘하지 못하는 부분이 무엇인지를 객관적이고 정확하게 인식해서 자기 대신에 그 일을 잘할 수 있는 적절한 사람을 뽑는 데 탁월한 능력을 발휘했다. 마이크로소프트사의 가장 큰 성공도 결국은 빌 게이츠의 '자기 한계 인정하기'에서 비롯되었다고 할 수 있다.

마이크로소프트사의 자금 담당 이사였던 프랭크 고넷은 "빌 게이츠가 행했던 가장 현명한 일 중의 하나는, 적절한 시기에 필요한 전문가를 영입해서 그들이 소신대로 일할 수 있도록 한 것이다"라고 말했다. 자기 능력의 한계를 솔직히, 정확하게 인정하는 것은 필수 조건이라 할 수 있다. 자신의 성장을 위해서도, 성공을 위해서도.

자신의 한계를 인정하는 사람들은 오히려 더 멋있게 기업을 이뤄가고, 한 사회를 책임져 나간다. 하지만 자신의 한계를 인정하지 못하는 사람들은 다른 방면으로 집착적인 증세를 보이며 자신의 힘을 과시하고 싶어 한다. 〈로봇 태권브이〉에 나오는 카프 박사가 그랬다. 카프 박사는 외모 콤플렉스가 있었고, 그로 인해 지구를 멸망시키려 한다. 자신의 힘을 과시하고 싶어서다. 그는 자신의 존재를 숨기고 말콤 장군으로 위장해 로봇을 개발하고, 세계 제패를 꿈꾼다. 주변의 만류에도 불구하고 세계를 지배하려는 욕망을 버리지 않는다. 결국 자신의 한계를 인정할 거면서.

> 메리: 바보예요. 기계인 우리가 무엇을 어떻게 하겠다는 거예요. 세계를 피로 물들여서 빼앗은 다음에 대체 어쩌겠다는 거예요. 네? 아빠.
> 말콤 장군: 닥쳐라!
> 메리: 이 세상 모든 걸 준다 해도 우리는 기계예요. 인간의 모조품이 인간을 다스릴 수 있을 거라고 생각하세요?

기계인간인 말콤 장군의 딸 메리는 자신의 아버지에게 일침을 가한다. 이 세상 모두를 준다 해도 기계라는 자신의 한계를 인정하는 메리. 한 사람의 영향력 있는 콤플렉스로 인하여 세상이 핏빛으로 되는 경우도 있을 수 있지만 결국엔 자신들이 아무 것도 할 수 없다는 것을 깨닫게 될 것이다. 세상은 무력으로만 돌아가지 않기 때문이다.

　메리가 결국 자신의 한계를 인정한 것처럼 그 무력과 기계적인 힘을 뛰어넘는 것은 인간이 가지고 있는 능력이다. 기계들은 결국 흉내 낼 수 없는 그 능력. 인간이 가지고 있는 인간성 같은 것.

　메리는 자신의 한계를 인정함으로써 자신이 악해져 가는 것을 막을 수 있었다. 비록 기계이긴 하지만 또 다른 삶의 가치에 눈을 뜰 수 있었다. 그렇게 보면 한계를 인정한다는 것은 결코 지는 것만은 아니다. 몰랐던 세계에 대해 알아가는 일이기도 하고, 삶이 더 풍부해 지는 일이기도 하다.

작은 목소리에 귀를 기울이기

〈피노키오〉

어느 화창한 주말이었다. 카페에 앉아 작업을 하고 있었다. 비어 있던 내 옆 자리에 두 명의 여자가 와서 앉더니 곧 이어 두 명의 여자가 더 합세해서 수다가 이어졌다. 갓 대학을 졸업한 사회 초년생들 같기도 하고, 아니면 계속 학업을 하는지도 몰랐다. 그녀들은 미국 드라마 〈섹스 앤 더 시티〉의 네 명의 여자들을 자신들에게 대입시키며 대화를 이어갔다. 어느 한 친구가 호들갑을 떨며 이야기한다.

"어머, 너 명품 가방 산 거야? 나도 갖고 싶었는데. 얼마 주고 샀어?"

"이거 10만 원 주고 샀는데, 진짜 같지? 아무도 모르겠지?"

"응, 완전 진짜 같다."

옆에 시큰둥하게 있던 한 친구가 말한다.

"넌 알잖아. 가짜라는 거. 남의 눈은 속일 수 있어도, 너는 속이지 못하는 거잖아. 그런데 왜 굳이 가짜를 써? 난 안 사고 말겠어."

그 순간 분위기는 좋지 않았다. 이름하여 '갑분싸'다. 무리지어 다니면 꼭 이런 친구는 있기 마련이다. 아주 짧게 스쳐지나간 말이었지만 그 말엔 많은 의미를 내포하고 있었다. 진짜 그렇다. 잠시 잠깐 남의 눈은 속일 수 있어도, 내 마음은 속일 수 없는 법이다.

스페인 산티아고 순례길을 걸었을 때였다. 온종일 걷다 보면 때론 사람들이 살지 않는 인적 드문 곳을 오래 걷게 되기도 한다. 재미있는 풍경이 있었는데 바로 산기슭에 있는 무인 노점이었다. 한참을 가다보면 산이나 길가에 바나나와 사과 같은 과일과 초코바 등의 과자들이 놓여 있다. 미처 먹을 것들을 챙기지 못한 사람들을 위한 배려였다. 그 옆에는 돈을 넣을 수 있는 바구니가 있었다. 양심에 맡기겠다는 것이다. 물건의 가격은 따로 적혀 있지 않았다. 그 물건을 가져가는 사람들은 양심껏 바구니에 자신이 생각하는 가격대로 돈을 놓고 간다. 모르긴 몰라도 그곳에서 자신의 양심을 버린 사람은 없을 거라 생

각한다.

 내 마음을 속이지 못하는 것을 '양심'이라고는 해도, 때로는 양심을 저버리고 싶을 때도 있다. 하지만 그 양심을 한 순간 저버렸을 때 당장엔 이득이 있는 것처럼 보여도 결국 그 양심 때문에 괴로울 거라는 것을 안다. 남은 속일 수 있어도 자신은 속이지 못하는 법이고, 떳떳하지 못한 행동이 두고두고 자신의 마음속에 남아 있기 때문이다. "한 번은 몇몇 사람을 속일 수 있지만 언제나 모든 사람을 속일 수는 없다"는 말과 같은 이치다. 그래서 양심은 사람들 마음속에 있는 보석이라고도 하는 게 아닐까. 보이지는 않지만 마음속에서 빛이 나는 것 말이다.
 그런데 또 그 반대로 양심에 따라 행동을 했는데, 손해를 보는 것 같은 기분이 들 때가 있다. 하지만 당장엔 그렇게 느껴질 지라도 나중에 가서는 분명 잘했다는 생각이 든다. 아주 큰 이득은 못 볼지라도 자신의 마음에 떳떳한 게 가장 큰 선물이니까. 작은 것에서 자신의 양심에 따라 행동한 사람은 큰 유혹 앞에서도 흔들리지 않게 된다. 안정되고 평안한 마음을 갖게 된다.

 〈피노키오〉에서 목수 제페토는 나무로 인형을 만든다. 요정이 나타나서 피노키오에게 너 자신이 용감하고 진실되고 이기적이지 않다는 걸 증명하면 언젠가 진짜 소년이 될 거라고 말한다. 옳은 것과 그른 것 중에서 선택하는 걸 배워야 하는데 그것은 양심이 얘기해 줄 거라면서. 양심이란 게 무엇인지 모르는 피노키오에게 크리킷은 말한다.

"양심은 사람들이 듣지 않을 작은 목소리다."

양심에 대한 기가 막힌 설명이 아닐까 한다. 우리가 살아가면서 어떤 상황에서 언제나 옳은 것과 그른 것을 선택하는 기준은 양심이다. 양심에 따라 옳고 그른 행동을 한다는 것은 사람들이 듣지 않을 작은 목소리에 귀를 기울인다는 뜻이다.

그렇게 사소한 부분까지 놓치지 않는 그런 깨끗한 양심을 가진 사람으로 살아가고 싶다.

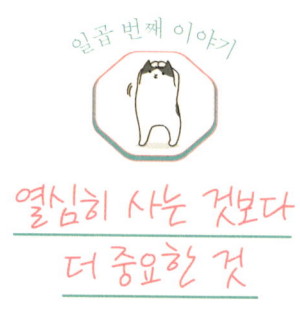

열심히 사는 것보다 더 중요한 것

〈플랜더스의 개〉

"어떻게 지금보다 더 열심히 사냐. 여기서 어떻게 더 허리띠를 졸라매. 어떻게 더 파이팅을 해. 최선을 다했는데 기회가 없었던 거야. 그러니까 세상을 탓해. 세상이 더 노력하고 애를 썼어야지. 자리를 그렇게밖에 못 만든 세상이 문제인 거고. 세상이 더 최선을 다해야지. 욕을 하든 펑펑 울든 다 해도 니 탓은 하지 마."

오랜만에 드라마를 보다가 이 장면에서 울컥했다. 취업을 하기 위해 고군분투하는 청년들이라면 모두 공감했을 만한 장면이었다. 드라마 〈슬기로운 감빵 생활〉에서 재하는 하루에

5시간 자고, 쉴 새 없이 공부하고 아르바이트를 하면서도 공무원 시험에 합격하지 못했다. 어느 날 피곤한 상태에서 밤늦게 사장님의 심부름으로 운전을 하다가 사고를 내고 합의금을 내지 못해서 '감빵' 생활을 하게 된다. 재하는 계속 죄송하다는 말을 입에 달고 사는데 그런 재하에게 주인공 제혁이 말하는 장면이다.

나에겐 취업준비생이라는 시절이 없었다. 내가 추구하고, 하고 싶어 했던 일들이 취업을 한다는 의미와는 조금 거리가 있어서일까, 아니면 운이 좋아서였을까. 대학을 졸업함과 동시에 끊임없이 일을 할 수 있었다. 잠깐 쉴 수 있는 기간이 있을 때는 가만히 있지 않고 뭔가를 배우거나 여행을 다녔다. 나름대로 열심히 살았다고 자부하는 나의 삶이었지만 부모님께는 인정받지 못했다. 아마 부모님이 생각하는 안정적인 직장에 들어가서 출퇴근을 하면서 사는 삶이 아니었기 때문일 거다.

〈플랜더스의 개〉를 보다가 아로하의 아버지가 네로를 향해 하는 말을 들으면서 가슴이 답답해진 건 너무 감정이입이 돼서일까? 주인공 네로는 그림 그리는 것을 좋아하고, 재능이 있다. 네로의 친구 아로하는 네로를 있는 그대로 인정해주고 네로의 꿈을 응원해주는 든든한 지원군이다.

어느 날 네로가 산 위에서 그림을 그리고 있는데 아로하의 아버지가 네로에게 와서 말한다.

"네로, 넌 내가 지금 너한테 얼마나 화가 나 있는지 잘 모르겠지.
이런 쓸데없는 그림이나 그리고….
뭐 어쨌든 모두가 열심히 일하고 있을 때
그림 같은 걸 그리고 있는 건 게으름뱅이나 하고 있는 짓이야.
사람은 열심히 땀 흘려 일하지 않으면 제대로 된 사람이 될 수 없어."

아마도 내가 20대에 가졌던 꿈을 향해 아버지가 했던 말들이 생각나서 더 감정이입이 되었던 것 같다. 내가 가졌던 꿈과 현실 사이에서 치열하게 고민하면서 살아와서 더욱 그렇다. 그냥 지나칠 수도 있는 건데.

과연 열심히 땀 흘려 산다는 의미는 무엇일까? 돈을 벌기 위해 노동을 하면서 사는 것? 행복하지는 않아도 흘리는 땀에서 의미를 찾으며 내 인생은 제대로 살고 있다고 안위하는 것? 그리고 나중에 돌아봤을 때 열심히 일하기만 했지 자신이 뭘 좋아하는지, 뭐 때문에 행복한지 뒤늦게 깨닫고 자신을 돌아보게 되는 것을 말할까?

네로는 아로하 아버지의 말에 그림을 그리는 것에 대해 고민한다. 하지만 네로의 할아버지는 달랐다. 그리고 이렇게 말한다. 다른 사람들의 그림을 볼 때 감동을 받느냐고. 그러면 네로도 그림으로 다른 사람에게 감동을 줄 수 있는 거라고. 그것만으로도 충분히 의미 있는 일이라고.

열심히 땀을 흘려가며 일을 하는 것도 중요하겠지만 그보다 더 중요한 건, 자신에 대해 아는 일이다. 자신이 어떤 사람이고, 무엇을 좋아하고, 잘하는지. 그리고 무엇을 할 때 가장 행복한지에 대해서 말이다. 세상엔 다양한 사람이 존재하고, 사람마다 각자 태어난 의미와 사는 목적이 다르다. 그리고 가진 재능도 다르다. 자신이 있어야 할 자리를 먼저 찾고, 그 자리에서 최선을 다해 사는 것. 자신이 행복한 일을 하고, 더불어 남에게 행복을 줄 수 있는 일을 하는 것. 그것이 전부다.

여덟 번째 이야기

나만의
강점 찾기

〈호호 아줌마〉

오래 전에는 무대 위의 삶을 동경했었다. 그중에서도 뮤지컬이 좋았다. 아마 내가 노래에 조금만 더 소질이 있었다면 뮤지컬 배우를 꿈꿨을 것이다. 만약 좀 더 간절했더라면 할 수도 있었다. 하지만 끈기 있게 해 나가야 할 동기가 부족했고, 자연스럽게 환경이 연결되지 않았다.

아니, 생각해보니 솔직히 환경은 주어졌었다. 이미 대학교 때 뮤지컬 동아리 활동을 했었다. 학과 수업보다 더 힘들다던 동아리 활동이었다. 매일 아침에 일찍 가서 트레이닝을 했다. 뮤지컬 배우가 되기 위한 기본 훈련으로 매일 운동을 하고 몸을 유연하게 하기 위해 스트레칭을 했다. 그렇게 한 학기를 보

유리: 호호 아줌마가 더 신기한 걸요.
마음대로 커졌다 작아졌다 할 수 있잖아요.

내고 방학이 되었다. 하지만 방학 동안에 뮤지컬 〈그리스〉란 작품 워크숍이 있었는데 거기에 참여하지 않으면서 자연스럽게 멀어져갔다.

대학 졸업과 동시에 방송국에서 작가 생활을 시작했다. 처음에 일했던 라디오 방송은 대가들과 일을 하면서 조금 주눅이 들기도 했지만 대체적으로 재미있는 경험이었다. 방송 작가는 프리랜서로 일을 하다 보니 방송 개편 시기에 맞춰서 변화가 많다. 그때 다른 프로그램으로 이동을 한다든지 아니면 조금 휴식기를 갖든지 했다. 나는 시간이 있을 때 그냥 보내지 않고 항상 뭔가를 배우러 다녔던 것 같다.

그리고 줄곧 대학로에 공연을 보러 다녔다. 같이 동아리 활동을 했던 배우들이 나오면 가끔 그런 생각을 해 보기도 했다. '만약에 내가 꾸준히 동아리 활동을 했더라면 작가가 아닌 배우를 할 수 있었을까?' 그들은 지금 영화나 텔레비전 드라마에서 볼 수 있다. 굉장히 반갑고 그들의 성장을 보는 것이 정말 기쁘다.

그렇게 방송 작가를 하면서도 뮤지컬에 대한 미련을 버리지 못했던 것 같다. 결국은 방송 작가를 그만하겠다고 결정하고 다시 학교에 가서 뮤지컬 전공을 했다. 그때도 난 용기를 내서 뮤지컬 연기 전공으로 들어갔다. 처음에는 배우들과 함께 발성도 배우고, 연기를 하면서 연기 수업을 받았다. 그러다 졸업할 때 보니 나는 뮤지컬 작가 자리에 있었다. 물론 졸업 공연을 할 때에는 배우로서 무대에도 섰다. 그때 촬영한 CD를 아직도 보지 못하고 있다. 손발이 오그라드는 것 같아서.

그렇게 내가 무대 위에서의 꿈도 꿔보고, 현실로도 만들어 보면서 느낀 것은 결국 사람마다 자신에게 맞는 옷이 있다는 것이다. 그리고 자신에게 맞지 않는 옷을 입었을 때는 자연스럽게 벗게 되리라는 것도 말이다. 그런데 그 옷도 입어봐야 알 수 있으니, 어떤 경험이든 해 봐야 하고, 그 안에서 자신의 강점을 찾을 수 있게 되는 것이다.

〈호호 아줌마〉에서 호호 아줌마는 신기한 능력을 가지고 있다. 어느 날은 호호 아줌마가 나뭇가지에 걸려 위험에 처했다. 그런데 독수리가 다가오는 것이었다. 호호 아줌마는 독수리에게 저리 가라고 아무리 말을 해도 독수리는 듣지 않는다. 그런데 유리라는 친구가 다가와서 말을 하니 독수리가 그 말을 듣는 것이었다.

> 호호 아줌마: 신기해라. 어떻게 독수리가 니 말을 들어~
> 유리: 호호 아줌마가 더 신기한 걸요.
> 마음대로 커졌다 작아졌다 할 수 있잖아요.

자신의 강점을 찾는다는 건 이런 게 아닐까? 남들이 할 수 없는 나만의 무기가 있는 것. 그리고 나한테 자연스럽고 쉽게 할 수 있는 것, 부담스럽지 않고 익숙한 것 말이다. 유리는 독수리와 말을 할 수 있는 게 강점이고, 호호 아줌마는 커졌다 작아졌다 할 수 있는 게 강점이다. 나 또한 그동안 했던 다양한 경험들을 통해 나의 강점을 찾을 수 있었다. 경험들을 통해서 나에게 맞지 않는 옷들을 분별해 내고, 과감히 버렸다. 그러니 자연스럽게 나에게 맞는 것이 남았다.

그러고 보면 신기한 게 나는 작가가 되길 원했으면서도 작가이길 싫어했다. 그 노력들을 싫어했던 것일 수도 있다. 그런데 끊임없이 글을 쓰는 일을 해 왔다. 작고 소소하게.

보다시피 지금은 책을 쓰고 있다. 예전과 달라진 게 있다면 이렇게 글을 쓰고 있는 내 자신이, 그리고 작가가 좋아졌다는 것이다.

아홉 번째 이야기

비법은
바로 내 안에

〈피구왕 통키〉

영어 학원을 운영했던 적이 있다. 학원을 오픈 했을 때 처음으로 중학교 1학년 학생이 등록을 했다. 공부에 흥미가 없는 학생이었고 성적은 10점, 20점대가 나온다고 했다. 중학교 진학을 했는데 그냥 손 놓고 있을 수는 없어서 학생 어머니가 부랴부랴 등록시킨 것이다. 성격이 모난 친구도 아니었고, 말도 잘 듣고 차분한 학생이었다. 가르치다보니 그 학생은 그저 공부하는 방법을 몰랐던 상태였다. 그렇다고 적극적으로 질문하는 성격은 아니었다. 공부의 필요성을 못 느끼고, 굳이 물어보고 싶지도 않고, 그래서 학교에서 그냥 시간만 때우고 오는 것이다.

학생에게는 1:1 수업을 진행했다. 꾸준함으로 잘 따라왔고 공부를 시작한 지 3개월 만에 영어 성적이 80점대로 올라섰다. 굉장한 발전이었다.

어떤 것이든 아는 것만큼 관심이 생기기 마련이다. 공부든, 일이든, 취미든. 중요한 것은 알게 되고, 관심이 생겨서 뭔가를 배우고 싶다면 꾸준히 해야 한다는 것이다. 거기서 만족하지 않고 한 단계 더 앞으로 나아가려면 임계점이라는 것을 넘어야 한다. 임계점은 넘치기 직전의 순간을 말한다. 80점에서 만족할 것이 아니라 100점까지도 향해서 도전할 수 있어야 한다는 이야기다. 그런데 많은 사람들이 뭔가에 도전을 하다가 99점에서 멈추는 경우를 볼 수 있다. 1점만 넘으면 되는데, 그 1점을 얻는 것이 굉장히 힘들기 때문이다.

포기하지 않고 꾸준히 하다보면 임계점을 넘는 순간이 반드시 온다. 그런데 그 순간은 누가 가르쳐주고 도와줘서 오지 않는다. 내 안에서 나온다는 거다. 결국 자신과의 싸움이다. 그 과정에서 타협하려는 자신과 넘어서려는 자신이 계속해서 싸우게 된다. 거기서 타협하지 않고 반복적인 행동을 계속할 때 깨달을 수 있다. 그리고 목표했던 것을 알게 되고 도달할 수 있게 된다.

돌아보면 그 임계점을 앞에 두고 다른 것에 눈을 돌렸던 것 같다. 그래서 하나를 꾸준히 끈질기게 하지 못한 것이 두고두고 생각이 났다. 하지만 주어진 것에 대해서는 그때그때 최선을 다해 살았다. 나 또한 그 임계점을 넘고 싶었다. 나에게 임계점이라는 것은 내 이름으로 된 책을 출판하는 것이었다. 그런데 작년에 임계점을 넘는 그 방법을 알게 되었고, 꾸준히 실천해서 첫 책을 세상에 내놓을 수 있게 되었다. 그리고 그 이후의 내 삶은 전과는 조금 달라졌다. 상황은 바뀐 게 없을지라도 마음이 달라졌다는 것이다.

〈피구 왕 통키〉도 불꽃 슛을 날리기 위해 매일같이 훈련하며 노력한다. 그리고 결국에는 그 비밀을 알아낸다.

<u>공 안에 담긴 힘을 살렸을 때 손끝에서 불꽃이 뻗쳐 나온다.</u>

그 비밀은 아주 단순한 것이었다. 하지만 그것은 그동안의 훈련과 노력이 없으면 깨달을 수 없는 원리다. 그렇게 수많은 노력 끝에 순간 번뜩이며 무릎을 탁 치게 되는 원리들인 것이다. 그 원리를 알면 이제부터는 직진으로 나아간다. 불꽃 슛은 하루에 한 번 밖에 던지지 못한다고도 한다. 그만큼 강력하기 때문일까. 그 이후 통키는 "이것이 불꽃 슛인가요?" 하면서 자신의 저력을 펼쳐 보인다. 그리고 비로소 통키는 피구 왕이 된다.

99%까지 가기는 쉽다고 한다. 하지만 1%를 넘어서 100%에

공 안에 담긴
힘을 살렸을 때
손끝에서
불꽃이 뻗쳐 나온다.

도달하는 것은 쉽지 않은 일이다. 하지만 누구나 할 수 있다. 그저 꾸준히 집중해서 계속 하면 되는 것이다. 그 비법은 내 안에 있다는 것이고, 그것을 넘어서고 도달했을 때의 쾌감이란 이루 말할 수 없다.

한번 노력해서 최고가 되어 본 사람은 계속해서 다른 방면에도 그 원리를 적용하여 아주 손쉽게 일들을 해 나간다.

믿어야 한다. 내 안에 있는 그 힘을….

열 번째 이야기

삶의
우선순위에 대하여

〈엄마 찾아 삼만 리〉

삶의 우선순위는 상황과 환경에 따라 바뀌게 된다. 예를 들어, 어렸을 때는 친구가 우선순위가 될 수 있다. 커가면서 공부와 관련된 성적도 될 수 있고, 학업을 마치고서는 직장의 일이 될 것이다. 그 사이에 이성을 만나고 결혼을 하게 되면 우선순위는 또 바뀐다. 아이가 생기면 인생에서의 완벽한 변화가 이루어진다. 모두 다 그런 건 아니겠지만 전적으로 자신을 위한 삶보다는 가족을 위해 책임을 지며 나가는 삶으로 바뀌게 된다. 그때부터는 가족의 안녕과 행복이 바로 내 행복을 결정한다.

자신의 삶에서 우선순위의 개념을 확실히 갖는 것은 중요하다. 그것은 바로 삶의 가치와도 연결이 되고, 자신이 생각하는 그 가치의 순서대로 우선순위는 결정된다. 그리고 살아가면서 힘이 들 때나 괴로움이 느껴질 때 그것들이 극복할 수 있는 힘이 되기도 한다.

성공학을 말하는 자기계발서들을 보면 시간 관리의 개념에서 삶의 우선순위에 대한 부분을 많이 다루는 것을 볼 수 있다. 《성공하는 사람들의 7가지 습관》에서 저자 스티븐 코비는 성공에 대한 비결에 대해 다음과 같이 인간이 하는 일의 형태를 네 가지로 분류했다. 첫째, 급하고 중요한 일. 둘째, 급하지는 않지만 중요한 일. 셋째, 중요하지 않지만 급한 일. 넷째, 중요하지도 않고 급하지도 않은 일. 스티븐 코비는 성공하는 사람들은 주로 둘째 유형의 일을 잘 처리한다고 말한다.

꼭 성공을 위한 것이 아니더라도 삶에 우선순위가 있는 사람들은 자신의 삶을 대하는 태도와 집중도가 다르다. 일을 할 때도 마찬가지다. 우선순위가 없으면 일이 한꺼번에 주어졌을 때 헤매고 힘들어한다. 기준이 없다는 건 그런 것이다.

여러 가지 일로 머리가 복잡할 때는 해야 할 일을 하나씩 쓴 다음, 중요하다고 생각하는 순서대로 하나씩 처리해 나가는 것을 추천한다. 급한 마음에 한꺼번에 처리하려고 하다가 오히려 더 힘들어지게 되기 때문이다. 마음을 차분히 가지고 하나씩 집중해서 하다보면 못하게 될 건 없다.

성공을 하기 위해 삶의 우선순위를 두고 달려 나가는 사람도 있겠지만, 당장 느낄 수 있는 소소한 삶의 행복들을 등한시하지 말았으면 좋겠다. 원하는 목표에 달성하고 나면 물론 성취감과 기쁨도 느껴지겠지만, 때로는 허탈감을 느낄 때도 있다. 그동안 놓치고 살았던 주변의 소소한 행복들이 그리워지기 시작할 수도 있다. 별거 아니라고 느꼈던, 그래서 그동안 희생을 시켰던 것들이 가장 소중하게 다가올 수도 있다.

〈엄마 찾아 삼만 리〉에서 페피노 씨는 마르코에게 아버지에 대해 이렇게 말한다.

> 나라고 해서 가난한 사람을 도와주는 네 아빠의 기분을 모르는 건 아니란다.
> 네 아빠의 힘이 없었으면 이 진료소는 생기지도 않았을 거야.
> 하지만 모든 일에는 한도라는 게 있지.
> 가족의 행복까지 희생해도 좋은가 하는 생각이 드는구나.

자신의 봉사정신, 신념도 중요하지만 중요한 건 자신의 옆에 있는 가족들일 수도 있다는 것이다. 간과하지 말아야 한다. 일과 성공도 물론 중요하지만 삶의 균형을 잡는 것이 중요하다. 가족과 건강을 돌보지 않는다면 단기적인 성공에 그치고 말 것이다. 진정 성공한 사람들은 오히려 가정적이고 삶의 균형을 최우선으로 생각하는 것을 볼 수 있다. 그 균형들이 맞지 않았을 때 자신이 이룬 것들이 물거품 되는 것을 잘 알고 있기 때문이다.

　자신의 삶에서 진정 소중한 것이 무엇인지, 우선순위가 무엇인지 생각해 보자. 그리고 후회하지 않는 삶을 살자. 지금 당장 소중한 것들에 최선을 다하며 살아야 한다. 우리의 삶에 나중에 누려도 되는 것들이란 없다.

실패는 성장이다
기적은 스스로 만드는 것이다
시간을 아낀다는 의미
습관의 힘
어른이 된다는 건
인생은 환상 그 자체
생생하게 그려라. 반드시 이룰 수 있을 테니
완벽한 타이밍
끝날 때까지 끝난 게 아니다
처음으로 되돌리기

기다린다는 것

첫 번째 이야기

실패는 성장이다

〈영심이〉

문득 '내가 살면서 가장 실패했다고 느꼈을 때가 언제지?' 하는 생각이 들었다. 아직 살아갈 날이 더 많다고는 하지만 적지 않게 살아 온 시간들을 돌이켜보면 가끔 회한에 젖을 때가 있다. 나름 '근거 없는 낙관주의'가 삶의 모토여서 실패를 실패라고 생각하지 않고 또 다른 기회의 시작이라고 받아들이며 살아왔다. 그래서 남들이 말하는 어떤 시험에 떨어져서 실패했다거나, 사업에 실패를 했다거나 하는 것들을 실패라고 여기지 않는다.

실패라는 것은 어떤 현상으로 주어지는 것이 아니다. 대학 입시에 떨어질 수도, 사업을 하다 접을 수도 있다. 당시에는 실패라고밖에 느끼지 못하겠지만 좀 더 나아가다보면 그게 실패는 아니었다는 생각이 들 때가 있다. 오히려 다른 더 좋은 것을 만나는 기회일 수도 있기 때문이다. 그래서 인생은 단정할 수 없는 것이고, 끝까지 가봐야 비로소 알 수 있는 것이다.

  진짜 실패는 도전했다가 떨어지는 것 자체가 아니라, 그로 인해 패배감을 느낄 때다. 패배감이야 말로 진짜 실패다.

  그런데 나도 생각해보니 쓰디쓴 실패의 경험을 맛본 적이 있다.

  방송 작가를 하다보면 자신의 성향과 맞는 프로그램을 할 수도 있고, 아닐 때도 있다. 방송 일을 시작한 후 나는 항상 배운다는 마음으로 열심히 그리고 재미있게 일을 했었다. 그러다 연예 프로그램 작가 제의가 들어왔다. 조금 망설였지만 한 번도 해보지 않았던 분야라 흔쾌히 한다고 했다. 그런데 일을 시작한 날부터 고통이었다. 일이 나와 맞지 않았다. '익숙하지 않아서 그런 걸 거야. 익숙하면 괜찮아질 거야' 하면서 스스로 다독이며 한 달을 버텼다. 그렇게 참다보니 결국 숨을 쉴 수 없는 지경에 이르렀다. 그때 난 도망을 쳤다. 그리고 아주 큰 실패감에 시달렸다.

  실패를 했을 때 실패 자체가 문제가 아니다. 실패로 인해 느끼는 감정이 무서운 거다. 실패감은 두려움이라는 감정을 가져다주어 옴짝달싹 못하게 만든다. 앞으로 한 발짝도 뗄 힘도 없게 만든다. 하지만 그 두려운 감정을 걷어내고 본다면 실패는 확실히 성장을 가져다주는 것임은 분명하다. 그로 인해 배우는 것은 분명 있으니까.

영심이 아버지는 평소엔 다른 부모처럼 아이들을 몰아치다가도 결정적인 순간에 위로를 해 준다. 시험 때문에 좌절하는 영심이 오빠에게 아버지는 이런 말을 한다.

"너의 인생은 너의 것이야.
넘어졌을 때 다시 일어나서 그 와중에 뭔가를 깨닫듯이.
가령 시험에 떨어져도 방황하는 가운데 교훈을 얻어.
너의 인생의 방식으로 할 수 있는 거야. 열심히 하는 거야.
아무튼 행복이 성적순은 아니지만 학생은 열심히 공부해야 하는 거야."

빈손으로 사업을 시작해서 10년 만에 순 재산 4천억 원을 달성한 김승호 사장은 성공한 사업가로 손꼽힌다. 그는 《생각의 비밀》에서 이렇게 말하고 있다.

"실패하지 않았다면 자랑이 아니다. 언제 실패를 맛볼지 모르기 때문이다. 그러니 실패를 부끄러워할 이유가 전혀 없다. 오히려 실패하지 않음을 염려해야 한다. 실패를 통해 교훈을 얻기만 한다면 어떤 실패든 성공의 가치를 지닌다."

결국 실패 속에서 교훈을 얻고 성장을 한다는 것이다. 그 안에서 남들이 흉내 낼 수 없는 자신만의 방식을 찾게 되는 것도 사실이다. 그리고 나만의 방식을 찾을 수 있을 때 그때부터 진정한 자신의 삶을 살게 된다. 실패 속에서 성공할 수 있는 방법을 체득하게 된다. 더 많은 실패와 방황을 해봐야 하는 이유다. 진정한 자신의 인생을 성공적으로 살기 위해서.

기적은
스스로 만드는 것이다

〈나디아〉

스페인 산티아고 순례길을 걸을 때 어떤 숙소에 가게 되었다. 그곳은 기부금으로만 운영되고 있었다. 부부가 운영하던 숙소였는데 바르셀로나에 있는 집을 팔고 이사 와서 순례자들에게 봉사하고 있다고 했다.

사연을 들어보니 아내분이 직장에 잘 다니고 있다가 별안간 시한부 3개월의 암 진단을 받았다고 했다. 하늘이 무너질 것 같은 소식에 살 수 있는 날이 얼마 남지 않았다고 생각하고 오래 전부터 원했던 일들을 하기로 했다고 한다. 그게 바로 산티아고 순례길을 걷는 것이었고, 그 길을 다 걷고 나서 거짓말처럼 암이 완치되었다는 소식을 들었다고 했다. 정말 기적이 일어났다고 했다.

　산티아고 순례길을 걸으면서 만약 자신의 암이 완치가 된다면 이곳에서 순례자들을 위해 봉사를 하겠노라 서원했다고 한다. 그들은 서원한 대로 바르셀로나로 돌아가자마자 집을 팔고 행동으로 옮겼다.

　상식적으로 생각할 수 없는 기이한 일이 일어났을 때 우리는 기적이라 말한다. 바르셀로나 부부가 경험했던 것처럼 금방 세상을 떠날 줄 알았는데 깨끗하게 병이 다 나아서 잘 살고 있는 것처럼 말이다. 또 운동 선수가 경기에서 꼴찌를 하다가 역전을 해서 일등을 하면 그것도 기적이라고도 말할 수 있다. 어쩌면 기적이란 것은 어떤 우연이 만들어 내는 것이 아니라 스스로가 가졌던 믿음에서 나온 것은 아닐까.

　〈나디아〉에 나오는 네모 선장은 악당 가고일의 기지를 멸망시키고 싶어 한다. 그런데 신무기로 무장한 가고일의 함정에 걸려 네모 선장의 노틸러스 호는 위기를 맞게 되고, 깊은 바다 속에 가라앉게 된다. 그러다 공중에 꼼짝할 수 없이 떠있어 한방만 더 맞으면 모두가 죽는 위기가 닥친다. 그때 샌슨은 권총 한방으로 포탄의 발사를 막아 노틸러스 호를 구한다. "이런 게 맞으면 기적이야!"라는 그랑디스의 말에 샌슨은 이렇게 말한다.

"기적은 말이죠, 스스로가 만드는 거예요!"

 흔히 기적이란 것은 특별한 사람들에게만 일어나는 일이라고 생각한다. 그런데 하루하루 의미 있는 일들이 모여서 기적을 만들어 낸다고도 할 수 있을 것이다. 할 수 있다는 신념과 노력이 더해져서 말이다. 벼랑 끝에서 기적이라고 불리는 것들이 많이 일어나는 이유는 바로 간절함 때문이 아닐까 한다. 간절할 때 폭발적인 힘이 일어나는 법이니까.

 영화 〈브루스 올 마이티〉에서는 일상의 기적에 대해 명쾌하게 말해주고 있다. 방송 리포터를 하다가 직장에서 해고된 브루스(짐 캐리)는 "신은 나를 싫어한다"고 소리친다. 그때 정말 나타난 신(모건 프리먼)!

 신은 자신의 휴가 동안 세상을 부탁한다며 브루스에게 신의 능력을 주고 떠난다. 전지전능한 힘을 갖게 된 브루스는 사람들의 소원을 몽땅 이루어주지만, 시간이 지날수록 세상은 엉망진창이 될 뿐이다. 자신의 능력에 한계를 느낀 브루스는 신을 만나서 대화를 나눈다. 이제 자신이 어떻게 하면 되냐는 브루스의 질문에 신은 이렇게 답한다.

 "두 가지 일로 허덕이는 미혼모가 아이를 축구 수업에 보내려고 없는 시간을 짜내는 것이 기적이야. 10대가 마약 대신 학

업에 열중하면 그게 기적이야. 사람들은 기적의 능력을 갖고서도 그걸 잊고 나한테 소원을 빌어. 기적을 보고 싶나? 자네 스스로 기적을 만들어 봐."

모든 사람에게는 기적을 만들 수 있는 능력이 있다. 다만 활용하지 못할 뿐이다.
지금 자신이 있는 곳이 기적을 만들 수 있는 최적의 장소임을 잊지 말기를…. 그리고 많은 기적을 이루며 살아가기를….

세 번째 이야기
시간을 아낀다는 의미

⟨요술공주 밍키⟩

⟨요술공주 밍키⟩에 나오는 천재 프로그래머 루카스는 12살이다. 루카스는 과학의 세상에서 가장 진보한 유원지를 컴퓨터 하나만으로 운영한다. 수학 숙제를 하다가 힘들어 하는 밍키는 이 천재소년에 관한 뉴스 보도를 접하게 되고 밍키는 바로 자리에서 일어난다. 숙제는 어떻게 할 거냐는 피피의 질문에 이렇게 말한다.

> "컴퓨터는 계산을 눈 깜짝할 사이에 하잖아. 그렇지? 피피.
> 시간을 아끼자. 기회는 두 번 다시 오지 않으니까."

밍키의 행동력은 누가 봐도 인정하지 않을 수 없다. 시간은 누구에게나 공평하게 주어지고, 그 시간을 어떻게 쓰느냐는 자신의 선택에 달린 문제다. 그런데 밍키는 되지 않는 문제로 끙끙거리면서 시간을 낭비하기보다 한 번에 해결할 수 있는 키를 가진 사람을 찾아 나선다. 모험심 가득한 이 행동 앞에 어떤 사람은 무모한 짓이라고 말할 수도 있을 것이다. 하지만 나중에 누가 더 빠른 속도로 성장해 나갈지는 아무도 모르는 일이다.

엠제이 드마코의 《부의 추월차선》에서는 이런 내용이 나온다. 위대한 이집트 파라오가 젊은 조카 추마와 아주르를 불러 피라미드를 2개 지어 바치라고 한다. 피라미드가 완성되는 대로 왕자라는 직위를 주고, 수많은 재물과 함께 여생을 호화롭게 살도록 해 주겠다고 약속한다. 그런데 반드시 피라미드를 혼자서 건설해야 한다는 것이었다.

그 둘은 피라미드를 쌓기 위해 어떻게 접근을 했을까? 아주르는 즉시 무거운 돌들을 끌어다가 토대를 만들며 피라미드를 쌓기 시작했고, 대부분의 시간을 자신의 몸을 단련하는 데 썼다. 그런데 추마는 1년이 지나도록 아무 것도 하지 않는 것이었다. 사람들은 그런 추마를 안타깝게 봤다. 그런데 상황은 역전된다. 추마는 기계를 갖고 나타났다. 아주르가 몸을 쓰며 힘들게 일을 할 동안 추마는 자신을 대신해서 일을 해줄 기계에 대한 연구를 했던 것이다. 추마는 단시간에 피라미드를 완성할 수 있었다. 저자는 이런 말을 남긴다.

"서행차선에서는 당신이 직접 돌을 들어 올린다면, 추월차선에서는 당신 대신 돌을 들어 올릴 시스템을 구축한다."

천재 프로그래머 루카스는 어린 나이에 자신을 위해 일을 해줄 시스템을 구축해 놓았던 것이다. 시간을 아낀다는 것은 바로 이런 의미가 아닐까? 서행차선이 아닌 추월차선에 탑승하는 것. 그리고 주어진 시간을 정말 소중한 사람들과 함께 행복하게 보내는 것 말이다. 하지만 추월차선이 되기까지 어느 정도 집중과 인내와 노력의 시간은 있어야 한다. 목표를 설정하고 제대로 된 방향으로 간다면 어느 순간 기하급수적인 보상이 따라오게 된다. 시간의 자유와 함께.

나 또한 계속 될 것만 같은 청춘에 서행차선으로 내 몸을 혹사시키면서 일을 해 왔던 것 같다. 어쩌면 그 경험들은 정말 내가 해야 할 일을 찾기 위해 해야만 했던 것일 수도 있겠다. 때로는 이런 생각도 해 본다. 나도 진작 시간을 아낄 수 있는 추월차선을 알았더라면 얼마나 좋았을까.

하지만 지금도 늦지 않았다고 생각한다. 지금부터라도 우선순위를 매기고 시간을 쓰려고 노력하면 되니까 말이다.

그 우선순위는 좀 더 빨리 나의 목표를 이루는 일일 수도 있겠지만, 나를 행복하게 하는 일이다. 그 시간들이 모여 내 시간을 만들어 가는 것이니까.

   시간을 아낀다는 건 **빠른** 시간 내에 목표를 달성한다는 의미를 넘어선다. 시간을 아낀다는 건 더 많은 자유 시간을 확보하겠다는 뜻이고 그 시간을 더 의미 있고 가치 있는 일, 그리고 행복한 일에 쓰겠다는 의미가 아닐까?

네 번째 이야기

습관의 힘

〈뽀빠이〉

　어떤 습관이 정착되는 데는 21일이 걸린다고 한다. 생물학적으로 뇌에 새로운 습관을 입력해서 습관으로 자리 잡기까지 그 정도의 시간이 필요하다는 것이다. 자신이 원하는 모습이 있다면, 그 모습을 그리고 매일 행동을 하면 실현이 된다. 하지만 새로운 일을 매일같이 반복한다는 것이 쉽지는 않다. 불편한 새로운 행동보다는 좀 더 익숙하고 편한 예전의 모습으로 돌아가고자 하는 탄성 회복력이 발동하기 때문이다. 새로운 습관이라는 명목 하에 변화가 되려면 어쨌든 그 불편한 시간들을 견뎌내야 한다. 새로운 좋은 습관을 내 것으로 만들려면. 그리고 그로 인해 변화된 삶을 살고 싶다면 말이다.

부자가 되고 싶다면 부자가 되는 방법을 연구해서 행동을 해야 하고, 멋진 몸매를 갖고 싶다면 열심히 운동을 해야 한다. 한순간에 이루어지는 것은 없다. 만약 한순간에 원하는 것들을 가진다고 해도, 갑자기 얻은 것들은 쉽게 잃을 수 있다. 그것들을 유지할 수 있는 습관이 형성되지 않았기 때문이다. 하루하루 자신이 노력해서 쌓은 좋은 습관으로 발전하고 성장한 사람이라면, 기회가 왔을 때 유지해 나가고 어떤 공격이 들어온다 해도 흔들리지 않을 것이다.

누구나 한 번쯤은 자신의 삶에 로또 맞는 꿈을 꾼다. '만약 갑자기 10억이 생긴다면 뭘 할 것인가?'에 대한 질문의 답을 해본 적이 있을 것이다. 대부분이 집을 사고, 멋진 자동차를 사고, 세계 여행을 하고 싶어 한다. 하지만 정작 큰돈이 생겼을 때 어떻게 돈을 써야 할지 아무도 모른다. 오히려 허무하게 날려버릴 수도 있다. 〈뽀빠이〉에 나오는 윔피처럼 말이다.

뽀빠이의 친구 윔피는 재산을 상속받으면서 한 순간에 부자가 된다. 그런 윔피에게 뽀빠이는 이제는 햄버거를 외상으로 사먹지 않아도 되겠다고 말을 한다. 윔피는 뽀빠이에게 부자가 되어도 자신은 변하지 않을 거라며 자신 있게 말한다.

"고맙네 친구. 내가 갑자기 부자가 됐어도 언제나 자네 친구일세."

환경이 달라지면 환경에 맞는 생각과 행동도 변할 텐데 윔피는 한결같다. 다양하고 맛있는 음식을 먹을 수 있는 환경이 되었는데도 늘 먹던 햄버거만 먹는다. 전과는 다른 변화가 있다면 먹는 수량이 늘어났을 뿐이다.

그렇게 한결같은 우정을 강조하던 윔피는 뽀빠이와의 우정을 고집하다가 자신이 받은 전 재산을 날리게 된다. 그래도 윔피에겐 억울해 하는 기색이 전혀 없다. 그리고는 예전처럼 뽀빠이를 찾아가서 햄버거를 사달라고 한다. 뽀빠이는 이렇게 말한다.

"당신이 어렵고 힘들어도 뽀빠이는 좋은 친구죠."

친구와의 우정이 강조되는 이 이야기에서 내가 초점을 맞춰서 보았던 건 윔피의 습관들이다. 윔피는 자신이 돈을 두 배로 벌 수 있는 기회가 왔음에도 그 기회를 잡지 못했다. 그리고 결정적인 순간에 발동한 연민의 감정으로 친구와의 우정을 선택하며 자신이 가진 돈을 모두 잃었다. 어쩌면 윔피의 삶에 있어서는 그리 많은 돈이 필요하지 않았을 수도 있다. 윔피가 살아가는 데 필요한 건 옆에 있는 친구와 그날그날 먹을 수 있는 햄버거였을 뿐이었던 것이다. 그리고 그렇게 윔피는 화려했던 생활을 다 벗어던지고 예전의 삶의 패턴대로 돌아갔다.

윔피는 갑자기 재산을 상속받아 부자가 되었지만 부자로서의 삶이 어색했는지도 모른다. 부자에 대한 인식과 삶의 습관들이 윔피에게는 없었던 것이다. 아무래도 준비되지 않은 상태에서 받는 것들은 금방 없어져버리기 쉬운 것이니까.

    그렇다고 한들 한 번쯤은 나에게도 그런 일이 일어났으면 좋겠다. 한순간에 부자가 되어보는 일 말이다. 그럼 난 한순간에 날려버리지 않고 아주 알차게 잘 쓸 수 있을 텐데……. 복권이나 한번 사 봐야겠다.

다섯 번째 이야기

어른이 된다는 건

〈우주소년 아톰〉

빨리 어른이 되고 싶었던 적은 없었다. 지금의 나이는 언제든 지나가고 다시는 돌아오지 않을 것을 알았기 때문일까. 하고 싶은 것도 많고, 고민도 많아서 정신적으로도 많이 힘들었던 학창시절을 보냈다. 흔들리고 방황을 했지만 그렇기에 더 순수하고 아름다웠던 청춘이었다. 나는 이리저리 피해 취할 것만 취할 수도 있는 청춘을 온 몸으로 받으며 살아내고 있었다.

반면에 대학 시절 만났던 한 친구는 빨리 어른이 되고 싶다면서, 스무 살이었던 그때가 너무 괴롭다고 했다. 30세가 되면 왠지 마음이 평안하고 행복할 거 같다고 말했다. 진짜 30세가 되면 그 친구의 말처럼 마음이 평안하고 행복해질까? 〈우주소년 아톰〉의 생각이 친구에게 대답을 해 주는 것만 같았다.

> 아톰과 우란은 가끔씩 생각합니다.
> 인간의 아이들은 어른이 되고 싶어 하지만
> 어른이란 게 그렇게 좋은 것은 아니라고요.

 지구와 세계 평화를 위해 고군분투하는 모습을 그린 우주소년 아톰에게 마음이 가는 이유는 인간의 감수성을 지녔기 때문이다.
 요즘 부쩍 생각한다. 난 언제 이렇게 빨리 어른이 되었던 것일까, 아니 나이가 들었을까? 그리고 어른이 된다는 의미는 과연 무엇일까.

 대학로에서 한국 창작 뮤지컬 작품의 조연출로 일했을 때다. 보통 대형 뮤지컬이 공연 될 때는 주·조연급 배우가 부득이한 상황으로 무대에 설 수 없을 때를 대비해서 언더스터디(Understudy)가 있다. 하지만 대학로의 소극장 뮤지컬은 한 배역에 한 배우가 매일 무대에 서야 한다. 몇 개월씩 장기간 공연이 되기에 배우들은 몸 관리를 잘해야 한다. 주말에는 공연이 더 많기 때문에 가족이나 친구들의 경조사에도 참석하지 못하는 경우가 허다하다.

어느 날, 어떤 배우의 표정이 굉장히 어두웠다. 평소에 밝고 친절한 배우였기에 그의 어두운 표정이 더 부각되었다. 2시간의 공연을 무사히 마치고 그는 배우와 스탭들에게 소식을 전했다. 공연장 오는 길에 자신의 어머니가 돌아가셨다는 소식을 들었다고 했다. 어머니는 그동안 투병 중이셨다고.

그 배우는 공연이 끝날 때까지 말도 못하고 자신의 일을 다 한 다음 소식을 알렸다.

어른이 된다는 건 이런 게 아닐까 한다. 슬픈 일이 있는 데도 목 놓아 울 수 없는 것. 울고 싶은 데도 울지 못하고 웃어야 하는 것. 그런 와중에서도 중심을 잃지 않고 묵묵히 자신의 일을 해야 하는 것들을 감당하는 것. 그렇게 우리는 나도 모르는 사이에 어른이 되어가고 있는 것이다. 참고 견디면서.

그럼에도 불구하고 어른이 된다는 게 안 좋은 것만은 아니다. 빨리 30대가 되고 싶진 않았지만, 30대가 되었을 때 이상하리만큼 마음의 평안함과 안정을 느꼈다. 친구가 예전에 말을 했던 그런 감정이었다. 그때 알았던 건 나이를 먹어서 숫자에서 오는 마음의 평안함은 아니었다. 20대를 온 몸으로 부딪치며 불어오는 비바람을 견디며 참아 냈기에 단단해진 마음에서 오는 것이었다.

하고 싶은 많은 것들을 버리지 못하여 힘들었던 20대였다면, 버릴 게 무엇인지 알아 평안한 30대였던 것이다. 그리고 잘해

야 한다는 강박에서 벗어나 있는 그대로의 나를 받아들이고 인정하게 되었다는 것이다.

비로소 그 느낌을 가졌을 때 《천 번을 흔들려야 어른이 된다》에서 김난도 저자가 했던 말을 완전히 이해할 수 있었다. "어른이 된다는 건 잘해야 한다는 강박에서 벗어나는 것이다. 자신에게 조금만 너그러워지자. 그래야 더 잘한다."

어른이 되었다고 해서 삶이 흔들리지 않는 건 아니다. 삶은 아마도 끝까지 우리를 흔들 것이다. 하지만 내 마음이 굳건하다면 나에게 닥치는 비바람쯤은 아무 것도 아니다. 그렇게 어른이 되어가는 내가 좋다.

여섯 번째 이야기

인생은
환상 그 자체

<스펀지 밥>

눈이 오던 어느 날 친구에게서 메시지가 왔다. 열어보았다. 영상엔 쌓인 눈 위에 앉은 개가 있었다. 앉아서 버티고 있는 개를 목줄을 매달아 끌고 가는 영상이었다. 영상만 봤을 땐 웃겼는데, 뭔가 슬펐다.

"이게 뭐야?"

"이 기분이 내 기분이다."

그 한마디에서 친구가 힘들어 하는 게 느껴졌다. 학교에서 근무하고 있는 그녀는 최근에 매우 힘든 일을 겪었다고 했다. 교감 선생님도 그렇고, 학교 아이들도 그렇고, 사건 사고의 연속이라 했다. 너무 힘들어 죽겠지만 마약 같은 월급 때문에 일을 그만두지 못하겠다고 했다. 그러면서 한마디 덧붙인다.
"너는 무슨 돈으로 살고 있어?"

　대부분 주위 사람들이 나를 볼 때 자유로운 인생을 살고 있다고 생각한다. 재미있는 삶을 추구하며 하고 싶은 일을 하며 산다고 생각한다. 그에 비해 자신들은 그냥 주어진 대로 하루하루 살고 있다고 말한다. 그러면서도 내가 살고 있는 삶은 불안정하게 바라본다.
　매일 같은 일을 하며, 재미없게 살아가지만 매달 받는 월급으로 자신의 삶을 위안하며 다른 편에서 자유롭게 살아가는 남의 인생을 평가하는 사람들을 종종 볼 수 있다. 그 사람들이 '자유'를 지키기 위해 어떤 노력을 하면서 살아가는지 모르는 채 말이다. 적어도 다양한 노력과 경험을 해 본 사람들은 남의 인생에 대해 쉽게 말하지 못한다.
　생각해보면 나는 끊임없이 내가 그때그때 하고 싶은 것들에 귀를 기울이며 살았다. 기회를 향해서 많은 도전을 해보기도 하고, 기회가 왔을 때는 주저하지 않고 경험을 했다. 그러다 또 도전할 일이 뭔가 생기면 도전을 하고 그렇게 발전하는 인생을 살았다. 나름대로는.
　어쩌면 그런 나의 노력들이 한 가지 일을 하면서 산 사람들의 눈에는 불안해 보였을 수 있다. 그렇지만 다시 돌이켜보면 모두 한 가지로 연결되는 일들이었다.

사람들은 왜 재미있게 살면 인생이 불안하다고 생각하는 걸까? 경제적으로 안정이 되어야 안정적인 인생이라고들 생각하고 성공한 것이라 말한다. 돈을 버는 일은 고단하고 힘든 일이라 생각한다. 왜 재미있게 살면서 돈도 많이 벌면 안 되는 걸까? 대부분 그렇게 사는 사람들은 특별한 사람들이라 여기며 자신들의 인생에는 한계를 지으려 한다. 하지만 나는 이왕 사는 인생 재미있게 살자는 주의다. 하루하루 눈 위에 버틴 채 끌려가는 개처럼 그렇게 살기는 싫으니까. 그런 삶은 나랑 맞지 않으니까.

〈스펀지 밥〉에서 뚱이가 말한 대사에서 난 왠지 모를 통쾌함을 느꼈다.

> "인생이란 갖가지 재미들이 섞여 있는 환상 그 자체라고!
> 억지로 쓸고 닦고 청소하는 건 인생이 아니야! 재미없단 말이야!"

적어도 인생을 재미있는 거라 여기며 환상처럼 살고 있는 사람들은 자신들이 무엇을 좋아하는지, 무엇을 해야 하는지 아는 사람들이다. 자신의 꿈에 대해 명확하게 생각해 보지 않은 사람들은 그렇게 꿈을 향해 한 발짝씩 나가는 사람들을 힘들겠다는 시선으로 바라본다. 어쩌면 자신 안에 있는 부러운 마음이 투영 돼서 나온 말일지도 모른다. 하지만 그들은 그 과정마저도 즐겁게 가고 있다는 사실!

　만약에 반복되는 일상에 인생이 재미없다고 말하는 사람들에게 충분히 그 속에서 자신만의 즐거움을 찾을 수 있으니 사소한 것에 감사를 해보라고 하고 싶다. 아주 뻔한 말일 수도 있지만 정작 그걸 실천하는 사람은 드물다. 한번 눈 감고 실천하다보면 삶에 생기가 도는 것을 경험할 수 있다. 상황은 똑같아도 결국 내 마음이 바뀌면 그 상황은 다르게 보이는 것이니까.

　그러니 우리 억지로 쓸고, 닦고, 청소하는 그런 인생은 그만 살았으면 한다. "내 인생은 환상 그 자체야!"라고 말할 수 있는 삶을 살기를 소망한다. 모두들.

일곱 번째 이야기

생생하게 그려라.
반드시 이룰 수 있을 테니

〈요술공주 밍키〉

"왜 교회에서 자매들이 남자친구를 못 사귈까요? 자매님들 다섯 명이서 매일 손 붙잡고 원 만들어서 배우자 만나게 해 달라는 기도해서 그런 거예요. 그 사이에 형제들 조기 축구할 때 같이 간 자매들은 다 눈 맞아서 연애하죠? 신앙 깊은 다섯 자매는 눈물로 열심히 기도만 해요. 서로 마스카라 번진 거 닦아주면서요. 그럼 어떻게 형제들이 다가가요?"

어느 날, 교회에서 설교를 듣다가 나도 모르게 크게 웃고 말았다. 나 또한 20대 후반에 여성 교우들 7명이 모여 정기적으로 기도 모임을 가졌었다. 신앙심이 좋을 때였다. 그 모임의 구성원 대부분은 지금은 결혼을 해서 자연스럽게 흩어졌다.

30대가 넘어 결혼을 하지 않은 사람들을 보면 너무 눈이 높은 거 아니냐며 눈을 낮추라고 한다. 눈이 높다는 기준과 낮다는 기준이 명확하지도 않은데 그렇게 눈이 높은 사람으로 인식되어지고 만다. 하지만 사람마다 자신이 사람을 만날 때 받아들일 수 있는 경계와 절대 받아들일 수 없는 한 가지가 있을 수도 있다. 가령 다른 건 다 용서할 수 있어도 키 작은 남자는 절대 받아들일 수 없다는 자신만의 기준 말이다. 그 받아들일 수 없는 것까지 받아들일 정도로 간절할 때 만나지고, 결혼도 할 수 있는 것일까.

어떤 사람이 한 방법을 제안했다. 만나고 싶은 이상형의 조건을 종이에 적어 보라고. 자신도 그대로 적어서 그와 똑같은 사람을 만나서 결혼을 했다고 한다. 경제적인 희망사항을 안 썼었는데 그게 조금 아쉽다고 하면서 말이다.

그런데 〈요술공주 밍키〉에 나오는 천재 소년 루카스는 그런 방식을 써서 밍키를 만나게 된다. 루카스는 컴퓨터 하나로 유원지의 놀이동산을 운영하는 능력자다. 어느 날, 유원지에 놀러 온 커플들을 보다가 자신의 이상형을 그리기 시작한다. 자신은 눈이 높지 않다고 하면서 말이다.

루카스: 코 같은 건 높지 않아도 예쁘다는 느낌이면 되고
눈은 있으면 될 정도지만 역시 크면 좋겠고

머리는 리본이 어울리고…

그러면서 그린 그림이 딱 요술공주 밍키 얼굴이었다. 거기에 덧붙인다.

루카스: 난 이러다가 아무 것도 못하고 말 거야.
이런 상상의 여자를 생각하고만 있으니.

이 장면에서의 포인트는 루카스가 자신의 이상형을 모호하게 그리지 않았다는 것이다. 생생하게 그리고 상상의 여자를 생각했다. 그랬더니 정말 자신의 앞에 딱 그 여자가 나타난 것이다. 꿈일까, 환상일까, 착각일까 하며 의아해 했지만 내 생각으로는 천재 소년은 꿈을 이루는 방법을 알았던 것 같다. 흔히 자기계발서에서 나오는 '상상하면 이루어진다' 라는 맥락도 같은 것이 아닐까.

진정으로 바라는 게 있다면 종이에 쓰면 된다는 말들의 책이 많은 요즘이다. 꿈을 이룬 사람들이 하나같이 하는 주장이다. 생각해보니 나도 그간 종이에 썼던 나의 꿈들을 대부분 다 이룬 것 같다. 그런데 인생에서 제일 중요하다는 배우자에 대한 이상형의 목록은 작성해 본 적이 없는 것 같다.

시간을 내서 아직 이루어지지 못한 소망을 구체적으로 적어

내려 가봐야겠다. 그 소망들이 다 이루어지는 날 사람들 앞에서 이런 희망의 메시지를 던질 수 있기를…….

"생생하게 꿈꾸고, 쓰고, 상상해 보십시오. 반드시 이루어질 것입니다."

천재 소년 루카스처럼 마음속에 그리던 사람이 앞에 나타나 '이것은 정말 요술 같구나. 동화 같은데!' 하며 기적을 체험할 수 있기를. 요술공주 밍키의 말처럼 절망이란 우리들에게는 어울리지 않는 말이니까. 아직 이뤄지지 않은 일들 때문에 절망하기는 너무 이르니까.

꿈 꿔라!

여덟 번째 이야기

완벽한 타이밍

〈개구쟁이 스머프〉

마음속에 꿈이나 소망을 품고 노력하는데 그게 좀처럼 이루어지지 않는 것 같을 때 사람들은 조바심을 낸다. 예를 들어, 어떤 시험에 합격하기 위해 몇 년을 매달리며 도전 중인데 안 된다든지 결혼을 하려고 하는데 좀처럼 사람을 만날 수 없는 것처럼 말이다.

텔레비전 드라마나 영화를 보면서 예전에 함께 일했던 뮤지컬 배우들을 보게 되는 경우가 있다. 멀리서나마 성장하는 모습을 볼 때 괜히 내가 뿌듯함을 느낀다. 그들이 얼마나 현장에서 노력을 해 왔는지 알기 때문이다. 무대에서 꾸준히 자신의 실력을 갈고 닦은 시간이 있었기에 이름을 알릴 수 있는 기회를 잡았다고 본다.

 중요한 건 자신이 소망하는 일을 이루기 위한 과정이 고통이 되어서는 안 된다. 그 과정 자체를 즐기면서 푹 빠져들어야 한다. 그리고 조바심을 내지 않아야 한다. 언젠가 자신이 원하는 모습에 도달해 있을 거라 상상하며 자신에 대한 믿음을 놓지 말아야 한다. 그렇게 자신의 자리에서 최선을 다하고 있을 때 적당한 때는 반드시 온다. 그때 기회를 잡아야 한다. 그 기회가 자신에게 온 '완벽한 타이밍'인 것이다.

 파란색을 보면 스머프 생각이 난다. 〈개구쟁이 스머프〉는 사악한 마법사 가가멜과 스머프들 사이에서 벌어지는 일들을 다루고 있다. 그중 파파스머프는 리더이자 멘토의 역할을 한다. 스머프 중에는 친구들 때문에 시를 쓰지 못하고, 그림을 그리지 못한다고 투덜대는 스머프가 있었다. 파파스머프는 이런 멘트를 하며 적절한 제안을 한다.

> "무슨 일이든 다 적당한 때가 있고 시간이 있는 법이란다."

 나는 내가 마음속에 품은 것들은 다 실현된다고 믿는 사람이다. 이루어지는 시기가 문제겠지만 자신에게 맞는 최적화된 시간이 있다고 생각한다. 아직 그 시간이 오지 않았다고 해서 포기하면 안 된다. 생각지도 못한 순간에 알아서 이루어지는 일도 많으니까. 그저 우리가 할 일은 믿고 기다리는 것이다.

　여행을 좋아하는 나는 예전부터 남미 여행을 꿈꿨었다. 하지만 남미는 쉽게 갈 수 있는 곳이 아니었다. 대륙 간의 이동 시간이 길 뿐더러 짧은 시간 동안 가기에는 아쉽기 때문이다. 마음속에 마지막 여행 종착지로서의 로망을 남겨 두었었다. 무리해서 갔다면 갈 수도 있는 시간이겠지만 그러고 싶지 않았다. 자연스러운 때가 오기를 기다렸다.

그런 와중에 외삼촌이 남미 파라과이로 이민을 가셨다. 그때 난 남미를 머지않아 가게 되리라고 직감했다. 하지만 나의 상황이 당장은 갈 수 없는 형편이었다. 학원을 운영하고 있었고, 적당한 시기에 학원을 누군가에게 넘기길 원했지만 마땅한 사람이 나타나지 않았다. 1년을 더 운영을 해야 하나 생각하고 있을 때 기적같이 인수할 사람이 나타나서 빠른 시간에 학원을 넘기고 그토록 꿈꿔왔던 남미를 여행할 수 있었다. 그때 다시 한 번 느꼈다. 무슨 일이든 소망하고 잊지 않고 있으면 완벽한 타이밍에 이루어진다는 것을.

"무슨 일이든
다 적당한 때가 있고
시간이 있는 법이란다."

이런 경험들을 몇 번 하고 나니 소망했던 것이 당장 이루어지지 않더라도 예전처럼 그렇게 초조해하지 않는다. 간절하게 원하는데 이루어지지 않을 때는 최적의 타이밍이 아니라고 생각하면 된다. 그리고 여유 있게 기다리면 되는 것이다.

우리가 삼겹살을 먹을 때도 맛있게 구우려면 한 쪽이 충분히 익혀진 다음에 뒤집어야 할 것이다. 급하다고 구워지기 전에 먹을 수는 없는 법이다. 탈이 날 테니까. 삼겹살을 먹을 때도 기다려야 하는 시간이 있는데 하물며 인생은 어떨까. 적당한 때와 시간을 가지기 위해서는 좀 더 숙성되는 시간을 가져야 한다. 대학에 한 번 떨어졌다고, 취직에 실패했다고, 결혼을 아직 하지 못했다고 조바심 낼 일이 아니다.

다 자신만의 최상의 때가 있는 법이고, 그때는 최고의 시간이 된다. 자신의 인생에 있어서. 그 적당한 때를 우아하게 맞기 위해 지금의 삶을 잘 즐기면 되는 것이다. 누구에게는 그때가 이미 왔을 수도 있고, 어느 누군가에게는 지금 오고 있는 중일 수도 있다.

끝날 때까지 끝난 게 아니다

〈슬램덩크〉

영화 〈행복을 찾아서〉는 미국 뉴욕, 시카고, 샌프란시스코에 지점을 둔 투자회사 홀딩스 인터내셔널 CEO 크리스 가드너의 실제 인생을 바탕으로 만들어졌다. 무엇보다도 비참한 생활 속에서도 꿈을 향하여 희망을 잃지 않은 모습이 인상적이었다. 그는 천 억대 자산가가 된 후에 한 연설에서 이렇게 말했다.

"게임이란 역경이 닥치기 전에는 시작되지 않는 법이다. 나는 안 되는구나 생각되어 포기하고 싶을 때가 있다. 그때 지금 그 자리에서 다시 시작하라. 세상에서 가장 큰 선물은 자기 자신에게 기회를 주는 삶이다. 나는 홈리스(Homeless)였지만, 결코 호프리스(Hopeless)는 아니었다."

  자신에게 기회를 주는 삶! 얼마나 멋진 말인가. 많은 사람들이 자신의 삶을 남들의 평가에 의해 규정을 하거나, 어떤 일을 시작하기도 전에 지레 겁을 먹는 경우를 본다. 자신에 대한 믿음과 확신이 부족해서이다. 하지만 자신을 믿는 것이 성공을 할 수 있는 전부라 해도 과언이 아니다. 그리고 희망은 끝까지 갖되 너무 욕심에 집착하지 말고 어느 정도 내려놓는 것은 필요하다.

  얼마 전 10년차 사이클 국가대표인 김원경 선수의 사연을 듣게 되었다. 이미 보유한 금메달만 해도 68개. 입이 딱 벌어졌다. 그런데 그녀의 금메달에 대한 집착과 도전이 계속되었다. 최근에 캐나다 밀튼에서 월드컵 3차 시합을 하고 왔다고 했고, 거기서 있었던 기적 같은 일들을 공유했다. 예선에서 그녀는 17등을 했기에 탈락한 줄 알고 유니폼을 갈아입고 있었는데 예선 탈락이 아니라는 소식을 들었다. 원래 규정이 예선 16등까지 본선 진출인데, 올해부터 바뀌어서 26등까지 뽑았다고 한다. 그녀는 두 종목에 출전을 해서 탐스프린트라는 한 종목에서 3등이라는 쾌거를 이루었다.

  그녀가 그렇게 끝까지 최선을 다해 기적을 이루어낼 수 있었던 원인은 무엇이었을까? 바로 자신에 대한 믿음을 놓지 않고 기회를 주었기 때문이 아니었을까. 예선에서 17등이라는 결과를 받았을 때 '난 발버둥 쳐봤자 안 되는구나' 라는 부정적인 생각이 스쳤다고 한다. 하지만 곧바로 생각을 고쳐서 '더 좋은 것을 주시려고 그러는 거야. 가장 좋은 것을 주신 거야' 라고 자꾸 되뇌었다고 한다. 그렇게 나는 안 되는구나 생각되어 포기하고 싶었던 순간에 그녀는 그 자리에서 다시 시작했다. 크리스 가드너의 말처럼, 자신을 지키기 위해서.

우리가 스포츠를 좋아하는 건 마지막 반전이 있기 때문이다. 끝까지 긴장을 놓지 않으면 역전을 할 수도 있기 때문이다. 마지막 한방 말이다. 인생도 마찬가지로 그런 역전이 있으면 얼마나 좋을까. 그런 역전은 노력이라는 피와 땀이 있기에 가능할 것이다. 그리고 마지막까지 자신을 놓지 않은 사람에게 주어지는 선물 같은 것이다.

〈슬램덩크〉에서도 그런 역전이 있었다. 고등학교 농구팀 중 최강인 산왕 팀과 경기를 한 북산 팀은 위기에 처한다. 북산이 만화의 주인공 강백호가 포함되어 있는 팀이다. 그때 작전 타임이 된다. 모두 패배했다고 생각한 순간, 안 감독은 이렇게 이야기한다.

안 감독: 나뿐인가? 아직 이길 수 있다고 생각하는 건?

> 강백호: 호오, 포기하신 것 아니었어요?
> 안 감독: 마지막까지 희망을 버리지 말게.
> 포기하면 시합은 거기서 끝나버리는 거야.

  삶을 바꿀 수 있는 한 끗의 희망은 어느 누가 결정해 주는 것이 아니다. 바로 내 맘에 달려 있는 거다. 그게 나를 놓지 말아야 할 이유다. 시합이 종료되는 순간은 누군가 울려주는 부저가 아니라 경기에 참여한 사람들이 포기하며 마음을 놓아 버리는 그 순간이라는 것을 잊지 말아야 할 것이다. 그리고 나를 놓지 않으면 충분히 역전이 가능하다는 것도 말이다. 그게 단 1초라고 해도…….

  끝까지 지켜봐야 하는 것은 스포츠뿐만이 아니다. 우리 인생도 마찬가지다. 전설적인 뉴욕 양키스의 포수 요기 베라가 한 말에 모든 것이 담겨 있다.

  "끝날 때까지 끝난 게 아니다."

열 번째 이야기

처음으로 되돌리기

〈명탐정 코난 극장판 10기 〈탐정들의 진혼가〉〉

나는 다른 또래 친구들보다 앞서 나가는 인생을 살고 있다고 생각했다. 아니 세월을 벌고 있다고 생각했다. 유치원을 다니지 않고 7세가 되던 해에 초등학교 입학을 했기 때문이다. 태어난 연도 앞에 '빠른'이라고 부를 수 있는 1, 2월생이 아니었는데도 말이다. 생일이 1년 이상 차이 나는 친구들도 많았다.

19세에 대학에 입학하고 정확히 21세가 되던 해에 방송국에서 사회생활을 시작했다. 그에 비해 아직 자신의 갈 길을 몰라 방황을 하고 있는 친구들이 많았다. 재수와 삼수를 하고 있는 친구도 있었고, 뭘 해야 할지 몰라서 학교생활을 유예하고 있는 친구들도 있었다. 평생 할 일을 찾기에는 어린 나이였으니까. 그에 비해 나는 방송국에서 방송 작가로 평생을 살아가게 될 것이라 굳게 믿고 있었다. 그때까지만 해도 말이다.

처음에 방송국에서 일하게 되었을 때는 내가 그 땅에 발을 딛고 있는 것만으로도 벅차올랐다. 꿈에 그리던 일이 현실이 되었을 때 느껴지는 기분이다. 나와는 다른 세상에 살고 있을 것만 같은 연예인들을 보면서 같이 일하는 것도 재미있었고, 배움의 연장이라는 기분이 들었다. 일을 하는 게 아니라 돈을 받고 배우러 온 것만 같았다.

처음엔 재미있고 감사했던 일들도 반복하고 익숙해지다 보면 타성에 젖는 법이다. 하지만 작가는 타성에 젖을 일이 없었다. 매번 새로운 프로그램을 만나야 했으니까. 그럼에도 매번 새로운 환경을 뛰어 넘는 게 일이라고 하지만 감당할 수 없는 일 앞에선 자존감까지 무너진다.

방송 작가로 일한 지 7년이 넘었을 때 위기를 맞았다. 나와 맞지 않는 프로그램을 하면서 정신적으로 피폐해졌다. 그리고 뭔지 모를 고통을 느꼈다. 인생의 톱니바퀴가 맞물리지 않고 어딘가 삐걱대면서 돌아가고 있는 느낌이었다. 그렇게 계속 가다가는 탈이 날 거 같았다. 어그러진 톱니바퀴들을 계속 무리하게 돌리면 나중에는 형체를 몰라보게 부서질 것이다. 그때는 내 인생이 꼭 그렇게 될 것 같았다. 그런데 뭘 어떻게 해야 할지 몰랐다는 사실이다. 그때 결정한 건 그냥 그 자리에서 멈추

이 세상에 완벽한 건 없어요.
반드시 어느 한 군데는 모자라거나 넘치죠.

는 일이었다. 나는 용기를 냈다. 그리고 내 인생의 퍼즐을 다시 맞춰 보기로 했다.

    인생을 살아가다보면 이렇게 톱니바퀴가 잘못 끼워진 거 같은 느낌이 올 때가 있다. 적성에 맞지 않는 일을 계속 하고 있었을 때나 잘못된 결혼으로 힘든 감정을 느낄 수도 있다. 그런 감정을 느끼지 않으면 좋겠지만 말이다. 만약 그러한 일에 맞닥뜨리고, 자신이 참을 수 없을 정도의 감정이 올라올 때 참고 지속할 것인가, 아니면 새로운 뭔가를 선택하는가 하는 것은 본인의 몫이다.

    결혼을 했다가 이혼을 한 언니가 있었다. 예전에는 참고 사는 게 미덕이라고 했지만 요즘에는 어느 정도 이해가 된다. 그런 결정을 하기까지가 쉬운 건 아니기 때문이다. '그 결단을 하기까지 얼마나 힘들었고, 고민을 했는지'가 느껴지기 때문이다. 살면서 느끼게 되는 고통과 어려움 앞에서 매번 쉽게 그만두는 선택을 하면 안 될 것이다. 하지만 뭔가 잘못되어 가고 있다는 생각이 들고 자신이 너무나도 불행하게 느껴진다면 지속하는 것에 대해 한 번쯤은 진지하게 생각해야 한다고 믿는다.

이 세상에 완벽한 건 없어요.
반드시 어느 한 군데는 모자라거나 넘치죠.

> 그걸 무리하게 밀어붙여서 모든 걸 엉망으로 만들지,
> 한번 리셋해서 정상으로 돌려놓고 뒤처진 만큼 열심히 할지는
> 그 사람에게 달린 거예요.
> 당신은 그냥 두려웠던 것 뿐이예요. 처음으로 되돌리는 걸요.

잘못되어 가고 있다는 느낌이 들 때면 그 감정을 무시하지 말고 일단은 처음으로 되돌리는 것도 좋다. 앞으로 일어날 더 큰 사고를 막을 수도 있기 때문이다. 하지만 정답은 없다. 선택이다.

〈명탐정 코난〉은 의문의 독약을 먹고 어린아이가 되어 버린 코난이 다양한 사건을 해결해나가는 이야기를 그린다. 코난의 말들 속에서 위로를 받기도하고, 냉철하게 꼬집히기도 한다.

지금의 시점에서 생각한다. 인생이란 것은 누가 빨리 가나 늦게 가나 속도를 비교하며 가는 경주가 아니라고. 언제든 뭔가 잘못되어 가고 있다 느끼면 멈춰 서서 다시 시작할 수 있는 용기를 갖자고. 그런 자신의 인생 시간으로 살 때 충만한 행복을 느낄 수 있을 테니까.

추억 소환

감정, 내가 선택하기

슬픔을 등에 지고 살아간다는 것

작은 움직임이 주는 효과

미래를 아는 것보다 중요한 건 현재를 사는 것

슬픔과 괴로움을 뛰어넘어

상대하기 싫은 사람을 상대해야 할 때

결국 모든 것의 사랑

사랑이란

매일 쓰는 감사일기의 힘

3장

감정 근육 기르기

첫 번째 이야기

추억 소환

〈영심이〉

바람, 넌 어디서 불어오고
꽃씨, 넌 어디로 날아가니
난 어디서 왔으며 어디로 가는 걸까
인생, 너는 뭐고
행복, 넌 어떤 모습을 하고 있니
고독, 슬픔, 번뇌. 그 누가 나의 괴로움을 알까
사랑하고 싶어. 누군가를 사랑하고 싶어
허무해. 아무 것도 없는 세상. 텅 빈 나의 가슴, 나는 누구일까.

14살의 영심이에게 100% 공감이 되었던 건 나와 굉장히 닮아 있었기 때문이다. 〈영심이〉를 통해서 나와, 많은 사람들이 경험했던 학창시절의 추억을 떠올리게 된다.

시골에서 유년 시절을 보냈던 나는 중학교를 졸업하고, 조금 더 큰 도시의 인문계 고등학교로 진학했다. 모든 환경에 익숙하지 않았던 고등학교 1학년의 봄날을 아직도 잊을 수 없다.

바람이 살랑살랑 불어와 마음이 싱숭생숭한 4월이었다. 점심시간 후에 5교시 수업이 시작되었다. 미술 시간이었는데 화선지에 사군자를 그리게 되었다. 사군자를 다 그리고 나서 쉬는 시간을 이용해서 화선지에 붓으로 편지를 쓰기 시작했다. 그날은 내가 좋아하던 가수의 생일이었다. 정리를 하고 편지를 손에 들고 창밖을 바라보며 하염없이 상상의 나래를 펼치고 있었다. 6교시가 시작이 된 것도 모르고 말이다. 나는 계속 좋아하는 가수를 생각하면서 창밖을 멍하니 바라보고 있었고, 그때 나에게 뭔가 날아 왔다. 분필이었다. 그리고 정신을 차렸다.

나는 앞으로 불려나가 들고 있던 편지를 펼쳐 읽었고, 아직 익숙하지 않은 많은 친구들 앞에서 국어 선생님께 수모를 당했다. 그것도 모자라 교무실까지 불려가서 말이다. 그 국어 선생님의 장난스런 괴롭힘은 3년 동안 지속되었다.

그래도 그 가수를 좋아하는 것을 멈추지 않았다. 지방에서 고등학교를 다니고 있었지만 그 가수가 무대에 서는 라디오 공개방송 같은 곳을 열심히 따라다녔다. 사람들에 치여 넘어져 보기도 했고, 집에 가는 막차를 놓칠 뻔한 적도 있었다.

한 가지 좋았던 기억이 있다면 지방 라디오 방송 노래자랑

코너에서 그 가수의 노래를 불러서 1등을 해 보았다는 것이다. 그때 아무나 가질 수 없었던 삐삐를 1등 상품으로 받았고 나에겐 역사적인 순간이었다. 우습게도 국어 선생님 때문에 괴로웠던 기억은 시간이 지나면서 그리 나쁘지 않은 추억이 되었다.

영심이 또한 가수를 좋아한다. 수업 시간에 노트에 한껏 자신의 소망들을 적어 놓으며 상상의 나래를 펼치기도 하고, 인생에 대한 고민을 하기도 한다. 영심이는 자신이 좋아하는 가수와 따로 만나고 함께 드라이브도 한다.

나의 경우엔 그 가수를 방송국에서 프로그램의 출연자와 작가로 만날 수 있었다. 텔레비전으로만 보던 그를 직접 볼 수 있게 되리라고는 상상도 못했다. 꿈에 그리던 사람을 직접 만나면 어떨까? 만감이 교차한다. 나는 당황해서 준비했던 말들을 까맣게 잊고 그 자리에서 얼어붙고 말았다. 지금은 그것도 하나의 추억이 되었다.

어렸을 때는 당장 만질 수 없는 것, 가질 수 없는 것들을 좋아하며 꿈을 키웠던 것 같다. 하지만 커가면서 알게 되는 건 멀리 있는 허상보다는 내 옆에 있는 익숙한 것이 좋다는 거다. 텔레비전에 나오는 근사한 사람보다는 내 옆에서 함께 호흡하며 손을 잡을 수 있는 사람이 좋은 것이다.

예전에는 특별한 것이 행복을 가져다 주는 줄 알았다. 그래서 그렇게 특별한 것을 찾아 헤맸는데 결국 행복은 내 옆에 있다는 것을 알게 되었다. 평범한 일상과 작은 즐거움을 주는 일들 속에 말이다.

영심이가 좋아했던 가수는 결국 자신의 친언니와 결혼한다. 영심이는 말한다.

하지만 나의 왕자님은 어디서 뭘 하고 계실까요.
14살 한참 싱그러운 영심이가 여기 있는데.

14살, 참 싱그러운 나이. 왕자님을 찾아 헤매는 꿈을 꿔도 될 나이. 가끔 그 나이를 추억해본다. 그런데 아이러니한 건 수많은 세월이 지났는데도 여전히 그때와 같은 문제로 고민을 하고 있다는 사실이다. 사람은 쉽게 변하지 않는다는 말이 더 와 닿는다. 그래도 그때보다 싱그럽진 않지만, 농익고 더 단단해진 자신이 되어 있다는 것은 부인할 수 없는 사실이겠지.

두 번째 이야기

감정,
내가 선택하기

<곰돌이 푸우>

어느 날, 외국인 친구와 함께 영화를 보러 극장에 갔다. 우리들 자리는 열의 정 중앙이었다. 옆 자리엔 사람들이 앉아 있었고 친구는 갑자기 화장실을 갔다 오겠다고 했다. 그런데 친구가 자신의 자리로 돌아오는 길에 옆 사람이 놓았던 가방에 걸려 넘어지고 말았다. 옆 좌석에 놓아둔 콜라가 쏟아졌고, 그들은 서로 당황해서 서로 미안하다고 하며 사건을 수습했다. 친구는 그 사람의 연락처를 물어보았고, 영화가 바로 시작이 되어 연락처는 받지 않고 영화를 보았다.

영화가 끝나고 일어서려던 찰나, 옆에 있던 사람들이 매니저를 불렀으니 가지 말라면서 우리를 붙잡았다. 그 사람들은

연락처를 물어봤다는 것에 기분이 나쁘다며 사과를 요구했다. 누가 잘못을 했다기보다 예상치 못한 사고가 일어난 것이라고 친구는 설명을 했다. 그런데 그 사람들은 기분이 풀리지 않는 다는 이유로 극장 관계자들을 불렀다. 하지만 극장 관계자들도 두 분이서 해결해야 한다면서 손을 놓을 뿐이었다.

친구는 다음 날 새벽에 비행기를 타고 잠깐 미국을 다녀와야 했기에 사정을 설명하고 연락처를 줄 테니 나중에 일 있으면 연락하라고 했다. 하지만 그들은 어떻게 믿느냐고 하면서 연락처도 받지 않고 계속해서 진정성 있는 사과를 요구했다. 마음이 급해진 친구가 상황에 대해 미안하다고 했는데 진정성이 없다면서 우리가 가는 길까지 따라오며 경찰을 불렀다고 했다.

경찰이 네 명이나 왔고, 사건의 자초지종을 듣더니 자신들이 해결해 줄 수 있는 문제가 아니라 했다. 경찰들이 보기에도 그 사람의 행동이 기가 찰 뿐이었다. 도무지 이해를 할 수 없는 그의 행동에 우리는 2시간 정도의 금쪽같은 시간과 감정까지 낭비해야 했다.

아주 작은 일인데 온 마음을 격하게 휩쓸어 버릴 수도 있다는 것을 그 사람을 통해 알게 되었다. 신발에 모래 한 알이 들어가면 아주 작은 것이지만 온 몸의 신경이 곤두서는 것처럼 말이다. 그로 인해 아무 것도 못하고 자신의 감정을 망치고, 남의 감정까지 망치게 될 수 있다는 것을 말이다. 〈곰돌이 푸우〉에서 푸우는 말했다.

> 가끔은 가장 작은 것이
> 내 맘 속의 가장 큰 공간을 차지할 때가 있어.

그 작은 것이 나에게 행복을 주는 것이면 얼마나 좋을까? 그러면 행복도 아주 커질 텐데 말이다. 그런데 대부분 내 맘 속에 가장 큰 공간을 차지하는 그것들은 좋지 않은 경우가 많다. 그리고 그것 때문에 마땅히 해야 할 일들을 못하게 될 경우도 있다.

생각해 보니 나 또한 그 작은 것들에 신경을 쓰며 너무 많은 에너지를 소비하면서 살았다. 그건 결국 나를 소중히 여기지 않음으로서 생긴 감정들이었다. 내가 결정하는 나의 감정이 아니라 누군가로 인해 나의 감정을 결정되게 놔두었던 것이다. 바로 내 친구와 극장에서 있었던 경우처럼 말이다. 가만히 있어도 누군가가 나의 감정을 상하게 만드는 행동을 하면 그것에만 포커스가 맞추어져 그것을 곱씹으면서 미움, 분노 등의 감정을 키워 나갔었다. 그럴 이유가 없었는데도 말이다.

그걸 인지하고 난 이후, 난 내 감정을 내가 선택하기로 결정했다. 그 누가 아무리 나에게 화를 불러일으키는 행동을 한다

해도 나는 그 감정들을 받지 않으면 된다. 내 감정을 그렇게 인지하면서 생긴 상황들만 객관적으로 바라보는 것이다. 감정으로 그 상황을 대응하지 말고.

언제 어떤 상황에서든 내 감정은 내가 선택해서 사는 것이다.

세 번째 이야기
슬픔을 등에 지고 살아간다는 것

〈들장미 소녀 캔디〉

　〈들장미 소녀 캔디〉에서 캔디는 힘든 상황 속에서도 내색하지 않고 쾌활하고 밝다. 그런 캔디에겐 친절하고 온화한 귀공자 타입의 미소년 안소니가 있었다. 안소니는 항상 캔디에게 다정하게 대해준다. 안타깝게도 캔디는 도둑 누명을 쓰고 멕시코로 팔려가게 된다. 그렇게 둘은 떨어져 있다가 아드레이 가의 양녀가 되어 다시 돌아온다. 그때 다시 만난 안소니와 캔디, 그들의 본격적인 사랑이 시작될 무렵 안소니가 낙마 사고로 죽게 된다. 그때 슬픔에 빠져 하루하루를 보내고 있는 캔디에게 알버트 씨는 말한다.

> 알버트: 캔디, 평생 그 애를 생각하면서 울고 있을 생각인가?
> 슬픔을 등에 지고 살아가는 건 너 뿐만이 아니야. 강해져야 돼. 캔디.
> 자신이 살아갈 방법은 자신이 찾는 거야.

    온갖 슬픔이 나를 잠식해 버리는 것만 같은 때가 있다. 예상치 못한 상황이 닥쳐서 그럴 수도 있고, 이유 없이 마음에 슬픔이란 감정이 스멀스멀 차오를 때도 있다. 사람마다 슬픔을 느끼는 모양도, 크기도 달라 무게를 잴 수는 없다 해도 사랑하는 사람을 잃는다는 슬픔의 무게는 엄청날 것이다. 그럼에도 불구하고 우리는 주어진 하루하루를 살아가야 한다. 슬픔을 등에 지고서라도 말이다.

    하지만 슬픔이란 감정이 마음속에 들어서기 시작하면 무기력해지며 아무 것도 하기 싫어진다. 지난 세월을 돌이킬 수 없고, 앞으로 달라질 것이 없다는 것도 알고, 그 상황 속에서 빠져 허우적거리지 않고 빨리 벗어나야 한다는 것도 안다. 그렇게 기운을 차리고 평소처럼 자신의 인생을 잘 살아내야 한다는 것도 알지만 이미 마음은 고장이 나서 좀처럼 원하는 대로 작동하지 않는다.

    슬픔에 빠져 허우적거리고 있을 때 강해져야 한다고, 자신이 살아갈 방법은 자신이 찾는 것이라고 말하는 조언은 어찌보면 바람직하지 않다. 충분히 슬퍼하고 놓아주라는 말이 보다 더 현실적이다. 어떤 감정이든 깊게 느꼈을 때 사람들은 그 감정을 빨리 털어버리고 강해져야 한다고 말을 하지만 사실은 그 반대다. 너무 아프고, 슬프고, 힘들 때는 그냥 그대로 맘껏 그 감정을 느끼면서 가만히 있어도 된다고 말하고 싶다. 괜찮아야 한다고 억지로 압박하지 않아도 된다.

나 또한 그런 슬픔에 빠져서 옴짝달싹 못하던 때가 있었다. 슬픔을 느끼는 게 싫어서 발버둥을 쳤었다. 어떻게든 슬픔에서 빨리 헤어 나오려고 말이다. 그때 친구가 너무 발버둥치지 않아도 된다면서 깊게 감정의 바닥을 치는 것도 나쁘지 않다는 말을 해줬다. 충분히 느끼면서 바닥까지 내려가 봐야 금방 올라올 수 있는 힘이 생긴다면서. 그때는 너무 힘들겠지만 말이다.

그렇게 그 감정을 피하지 않고 맞닥뜨렸고, 바닥을 쳤을 때 진정한 치유가 일어났다. 그때부터 회복에 탄력이 붙었다.

그렇게 자연스럽게 일어난다. 그리고 나서는 언제 그랬냐는 듯 아주 새로운 기분으로 자신의 인생을 살 수 있다. 자신의 때에, 자신의 방법으로.

이러한 감정들을 제대로 느끼고, 꺼내놓고, 표현해야 한다. 그렇게 치유하고, 새살이 돋아나지 못하면 오히려 평생 아물지 못하는 상처로 남을 수도 있기 때문이다.

캔디, 평생 그 애를 생각하면서 울고 있을 생각인가?
슬픔을 등에 지고 살아가는 건 너 뿐만이 아니야.
강해져야 돼. 캔디.
자신이 살아갈 방법은 자신이 찾는 거야.

우리 모두는 정말 매일 다른 상황 때문에 슬프고 힘들다. 내가 괜찮다고 지나쳤던 일들도 어느 순간엔가 생각이 나면서 괜찮지 않았음을 느끼며 슬픈 감정이 올라올 때가 있다. 그럴 때도 마찬가지다. 충분히 그 시간들을 느끼고 시간이 지나고 나서 조금 괜찮아졌을 때 조금씩 움직이면서 슬프고, 아픈 감정들을 온전히 꺼내 놓아도 괜찮다. 감정도, 육체도 한 번쯤은 이런 시간들을 통해 정화되어야 한다. 슬픔을 등에 지고 가야 하는 게 우리 인생이라면 말이다. 꺼내 놓고, 표현하고, 새살로 덮으면서 우리는 그렇게 단단해져 가는 것이다.

작은 움직임이 주는 효과

〈달려라 하니〉

어느 날 아침 갑자기 핸드폰 전원이 들어오지 않았다. 계속 시도를 해 보았지만 작동이 되지 않아 급하게 수리센터를 찾았다. 핸드폰이 되지 않으면 일에 지장이 있기 때문이다. 핸드폰을 떨어뜨린 것도 아니고, 함부로 쓴 것도 아닌데 너무 의아했다. 그런데 센터 직원이 이렇게 말한다.

"사람도 일을 하고 피곤하면 잠을 자면서 충전을 하잖아요. 휴대폰도 똑같아요. 휴대폰을 켜 놓은 채 충전을 해 놓으면 휴대폰도 계속 일을 하고 있어요. 그렇게 무리를 해서 작동이 멈춘 거예요. 가끔 전원을 꺼 두고 쉬게 하는 것도 좋아요."

휴대폰도 지칠 수 있다는 건 상상도 못한 일이었다. 요즘 사람들은 다 나 같진 않을 것이다. 어쩌면 자신의 몸보다는 휴대폰을 더 신경 쓰는 세대니 말이다. 하물며 기계인 휴대폰도 무리를 하면 이렇게 작동을 멈추는데 사람은 어떨까? 무리를 해서 일을 하고 쉬지 못하면 몸이 지쳐 반응할 것이다. 하지만 몸도 몸이지만 마음도 잘 돌봐줘야 한다. 몸과 마음은 연결되어 있기 때문이다.

자신의 마음에 대해서 조금은 더 예민해져야 한다. 몸 아픈 건 금방 표가 나도 마음 아픈 건 표가 잘 나지 않기 때문이다. 마음이 답답할 때, 힘들다고 느껴질 때, 고민이 계속 따라다닐 때가 있다. 그럴 때 지금보다 조금은 더 힘이 날 수 있는 자신만의 의식을 만들어야 한다. 갑자기 작동을 멈춘 휴대폰처럼, 우리 삶에도 무기력이라는 바이러스가 침투해서 아무 것도 못하게 할 수도 있으니까. 아니면 떠올리면 희망을 느낄 수 있는 존재가 있거나. 〈달려라 하니〉의 하니처럼 이렇게 할 수도 있다.

하니: 가끔 한번 씩 힘껏 달려봤으면 해요. 숨이 차도록.
엄마 생각이 날 때는요, 저 하늘 끝까지라도요.

홍두깨 선생님: 그래그래, 선생님도 그럴 때가 있었지.
울적할 때 마음껏 달리고 나면 속이 시원해진단다.

하니에게는 엄마가 유일한 희망이고 자신의 존재의 이유다.

하늘에 계신 엄마를 생각하며 자신이 달려야 할 이유를 찾는다. 하니의 인생에 있어 돌파구이자 유일한 활력소는 엄마이고, 달리는 일이다.

나 또한 감정으로 힘들 때나, 해결되지 못하는 일이 있어 답답할 때 집에서 가만히 있지 않고 무조건 밖으로 나간다. 그리고 산을 찾는다. 한 시간 정도 아무 생각 없이 걷고 나면 생각도 몸도 건강해지는 기분과 활력을 다시 찾게 된다. 실제로 이렇게 몸을 움직이거나 운동을 하면 세로토닌이 증가를 하는데 이것은 기분을 좋게 만드는 효과가 있다.

감정적으로 지치거나 힘든 일이 있을 때 순간을 망각하게 하는 방식으로는 풀지 말아야 한다. 순간은 내 감정을 모면하고 행복한 기분을 느낄 수도 있겠지만 그때뿐이다. 그러한 유혹에서 벗어나 귀찮더라도 몸을 움직이는 발걸음을 한 발 떼는 게 중요하다. 그랬을 때 문제로부터 벗어나고 문제를 해결할 수 있는 방법을 찾을 수 있다. 자신을 해치지 않고 오히려 더 건강하게.

우리는 항상 가족이나 친구나 직장에서 스트레스에 노출이 되어 있다. 우리가 해야 할 일은 스트레스에 함몰되어 감정을 낭비하지 않고 생활 속에서 당장 할 수 있는 자신만의 조그마한 의식을 만드는 것이다. 가까운 곳을 산책하거나 달리기를 해도 좋다. 그렇게 나의 감정에 민감해지며 알아가는 것도 좋다. 힘들고 울적한 기분을 제자리로 돌려놓는 건 누가 해 줄 수 있는 것도 아니고, 대단한 일도 아니다. 나의 작은 움직임 하나로 내 기분이 달라질 수 있다는 것을 언제나 기억하자.

다섯 번째 이야기

<u>미래를 아는 것보다 중요한 건
현재를 사는 것</u>

〈개구쟁이 스머프〉

　나에게 일어날 일들을 미리 볼 수 있다면 어떨까? 답답함은 없을 것이다. 하지만 이미 정해진 상황에 대해 한계를 짓고, 뭔가를 도전하는 일은 멈출 것 같다. 매우 조심하는 삶을 살게 될 것이다. 그럼에도 불구하고 다가올 미래를 알 수 있다는 것은 매력적으로 들린다. 뭔가 명확한 그림을 보고 싶기에 사람들은 아직 오지 않은 미래에 대해 말을 해주는 사람들을 찾아가 상담을 하기도 한다.

　가끔 '미래를 볼 수 있는 구슬이 있다면 얼마나 좋을까?' 하는 엉뚱한 상상을 해보기도 한다. 〈개구쟁이 스머프〉에 나오는 주책이처럼 말이다. 주책이는 파파스머프를 위해 약초를 캐려다 땅에서 특별한 돌을 발견한다. 그것은 미래에 일어날 일들을 보여주는 돌이었다. 스머프들은 신기해하며 자신의 미래에 대해 궁금해 한다. 모여 있는 스머프들에게 파파스머프는 와서 말한다.

> "해로울 건 없지만 잊지 말거라.
> 명심해라, 스머프들아. 미래는 너희들이 만드는 것이야.
> 돌멩이 속에 나타나는 것이 아니라고. 그러니까 거기에 빠져서는 안 된다."

우연하게 기회가 생겨 경마장에 가본 적이 있다. 경마를 하는 사람들이 생각보다 많았다. 그들은 주말을 반납한 채 눈을 부릅뜨고 전광판을 쳐다보며 시험을 보듯 종이에 마킹을 하고 있었다. 말이 뛸 때는 자신이 찍은 말 번호를 응원하다가 결과가 나오면 반응은 두 가지로 갈린다. 그런데 거의 아쉬움의 탄성이 많이 들려온다. 이런 문화를 처음 접해본 나에겐 신세계였다.

나도 한번 참여해 보고 싶어서 전광판을 보며 옆에 계신 아저씨께 물어보았다. 아저씨는 다짜고짜 "경마는 아예 시작도 하지 마!"라는 말씀을 하셨다. 아저씨는 경마를 한 지 30년 되셨다고 했다. 월급으로만은 미래를 준비할 수 없기에 용돈이나 벌자는 생각으로 시작했는데 돈도 따긴 했지만, 많이 잃었다고

도 했다. 지금은 끊고 싶어도 못 끊는다고 하셨다.

여기저기에서 불안한 미래를 준비해야 한다는 목소리가 높다. 특히나 한국 사회에서 살려면 말이다. 모두들 보다 더 나은 삶을 살기 원한다. 더 나은 삶이라는 것은 풍족한 생활을 뜻하기에 자본주의 사회에서는 돈과 직결되지 않을 수 없다. 그래서 사람들은 복권을 사거나 가상화폐라고 불리는 비트코인에 투자를 하거나, 도박이라고 불리는 것들을 하며 불안한 미래를 준비하려 한다. 가끔은 미래를 살기 위해 현재를 사는 것만 같다. 미래에 대해 대비를 하고 노력을 하는 것은 좋겠지만, 현재를 잘 살지 못하면서 미래만 바라본다는 건 참 슬픈 일이다.

"미래에 대해 관심을 갖는 건 중요하지만 우리는 현재 속에서 살아야 해."

파파스머프는 다른 스머프들에게 이렇게 말한다. 공감되는 말이다. 우리가 사는 건 지금 바로 현재이기 때문이다. 과거에 했던 나의 생각과 선택과 그 행동들로 인해서 지금의 내가 있는 것처럼 현재가 모여 내 미래를 결정하는 것이다. 이렇게 미래 또한 현재의 생각과 행동이 그대로 나타날 것이기 때문이다. 아직 오지 않은 미래에 대해서 불안하고 초조해하며 미래를 위해 지금 나를 갉아먹는 데 쓰지 말고 현재를 만끽하며 좀 더 나를 행복하게 하는 일에 초점을 맞춰 살았으면 좋겠다. 반

미래에 대해 관심을 갖는 건 중요하지만
우리는 현재 속에서 살아야 해.

복적인 소소한 생활 속에서 행복을 발견하며 살아가는 것, 그 자체로 충분한 인생을 살아야 한다.

  나 또한 미래가 막연하고 불안하여 그것에 초점을 맞추며 살았다. 현재를 어떻게 잘 보낼지 생각하지 않은 채 걱정, 근심만 하고 있었다. 하지만 지금 당장 현재를 행복하게 사는 것에 초점을 맞추려 노력하다보니 미래에 대한 불안함이 어느 정도 없어졌다. 오히려 미래에 대한 자신감이 생겼다.

  당장 10억을 얻으면 행복할 것 같지만, 그건 가지고 있지 않은 것에 집중하는 삶이다. 현재 만족하지 못하면 갖고 싶은 걸 갖는다고 해도 행복하지 않다는 것을 알았기 때문이다. 지금 내가 해야 하는 소소한 일들, 그리고 무엇보다 나를 사랑하는 일에 집중을 하다보면 마음이 바뀌고 세상이 바뀌게 된다. 그리고 원하는 모습의 미래를 그려갈 수 있는 것이다. 그렇게 화려한 미래는 지금 현재를 잘 살고 있는 나 자체가 증거가 된다.

슬픔과 괴로움을 뛰어넘어

⟨엄마 찾아 삼만 리⟩

나의 20대를 돌아보면 슬프고 괴로운 일이 참 많았다는 생각이 든다. 눈에서는 눈물이 마른 적이 없었고, 그 아픔들을 잊어버리기 위해 사람들을 찾아다니며 의지하고, 위로받기 바빴다. 그래서 나에게 집중하지 못했고, 중요한 일에 우선순위를 두지 못했다. 기쁨, 즐거움 등의 감정도 물론 있었겠지만 슬픔, 괴로움, 분노 등의 좋지 않은 감정들을 달고 살았던 것 같다.

변명 아닌 변명을 하자면 모든 일들을 처음 겪어내야 했기에 슬프고 괴로웠다. 원하는 게 뭔지 몰라서, 갈 길의 방향성을 잃어버려서, 어떻게 해야 할지 몰라서 그런 감정들을 유독 많이 느끼며 살았다. 하지만 그 슬픔과 괴로움 뒤에는 좋은 일도 있었고, 그러한 감정들도 빈번하게 만나다보면 감정에 무뎌진다는 사실도 알았다.

당시에는 너무 힘들어서 다 놓아버리고 싶은 순간이 오기도 했다. 슬픔과 괴로움이 왔을 때 그것에서 벗어나려고 발버둥을 쳐 보기도 했다. 그런데 내가 그렇게 발버둥을 치지 않아도 지나가기는 한다는 사실을 알게 되었다. 또한 그 경험들은 괜히 주어지는 것이 아니었다. 사람은 저마다 감당할 수 있을 정도의 시련을 받는다는 말이 맞았다. 간절히 그 상황에서 벗어날 뭔가를 찾고 있으면 그에 따른 구원의 손길이 오기도 한다. 그 시련 가운데서도 말이다.

〈엄마 찾아 삼만 리〉의 마르코는 어린 나이에 엄마와 생이별을 해야 했다. 만화의 배경은 이탈리아의 제노바란 곳이었다. 어떤 사람은 가족과 함께 신천지를 찾아서 또 어떤 사람은 돈을 벌기 위해 가족들과 헤어져 남미로 간다고 했다. 마르코의 엄마는 혼자 남미로 가는 배를 탔고, 마르코와 헤어지면서 이렇게 말한다.

"누구에게나 긴 인생을 살다보면 괴롭고 슬픈 때가 있는 법이란다. 그리고 누구나 그 괴롭고 슬픈 일들을 하나씩 하나씩 스스로 뛰어넘어 어엿한 한 사람의 어른으로 커가는 거란다."

엄마의 손길이 필요한 어린 마르코에게 이별은 굉장한 슬픔이고 괴로움이었다. 아직 이 말은 어린 아이가 듣기에는 너무나도 성숙하고 받아들이기 힘든 말이었다. 언젠가 아주 많은 시간들이 지나 어른이 되었을 때는 이해할 수 있겠지만.

사람이 살아가면서 무엇 때문에 가장 힘들까 생각을 해 보면 돈과 건강, 그리고 사람 사이의 관계라는 부분이 제일 크게 차지하지 않을까 싶다. 잘 지키고 있을 때는 여유가 있지만 하나가 틀어지거나 그렇지 않을 때 슬프고 힘들게 하는 건 맞다.

슬프고 괴로운 일들이 나에게 오지 않으면 제일 좋겠지만, 인생이란 우리의 바람과 예상대로 흘러가진 않기에 힘든 상황들을 맞닥뜨려야 할 때는 분명 온다. 그럴 때 그것들을 하나씩 스스로 뛰어 넘으면서 성장하며 어른이 되는 것이라 생각하며 담대히 나가야 한다. 자신의 한계를 넘어서며 나가야 하는 것은 비단 운동선수들에게만 해당되는 사항은 아니다.

나는 20대 초반에 입에 대지도 못했던 쓴 아메리카노 커피를 마시기 시작하면서 인생을 정복해가고 있다는 생각을 했다. 절대 할 수 없을 것 같은 것들을 나도 모르는 사이에 하나씩 하면서 그렇게 슬픔과 괴로움을 극복해 나갔다. 그렇게 단 맛, 쓴 맛을 다 알아가고 포용하면서 어른이 되어가고 있었다.

슬프고 괴로운 일이 왔을 때 그 감정에 빠져 주저앉지 않는 것. 그리고 그 일을 뛰어넘어 성장을 하고 성숙하게 되는 것.

그것이 바로 어른이 되어가는 과정이다. 그렇게 어른이 된다는 건 아주 멋진 일이다. 쇠는 뜨거운 불에 달구어야 강해지는 것처럼 그 힘으로 더 굳센 마음을 가질 수 있을 테니. 살아가는 세월 속에서 나중에 웃음을 지으며 회상할 날이 단연코 올 것이니….

일곱 번째 이야기

상대하기 싫은 사람을 상대해야 할 때

〈독수리 오형제〉

〈블랙팬서〉는 한 나라의 왕가의 권력 쟁탈을 다룬 영화다. 그 중심에는 어떤 마음가짐이 발전하여 신념이 되는가 하는 문제를 보여준다. 한 나라에 평화를 지키려는 신념을 가진 왕이 있다. 그런데 그 나라의 권력을 쟁탈하고자 하는 자가 나타난다. 무력과 폭력으로 전 세계를 지배하려는 야욕이 넘치는 왕에게 누군가는 이런 말을 던진다.

"당신은 분노와 증오로 가득하여 당신을 왕으로 섬길 수 없다."

어린 시절부터 분노와 증오로 마음이 가득차고 그 힘으로 자라온 사람. 그 마음은 피해의식과 자격지심으로 발전한다. 그런 사람은 결국 다른 사람들에게 자신의 분노의 감정들을 표현하며 피해를 준다.

　이런 캐릭터는 비단 영화 속에 존재하는 것만은 아니다. 우리도 세상을 살다보면 자격지심과 피해의식에 똘똘 뭉쳐 있는 사람들을 만날 때가 있다. 겉으로는 드러나지 않아도 몇 번 대화를 하다보면 알게 된다. 정말 말이 안 통하는 사람, 이기적인 사람들은 상대하지 않으면 제일 좋을 텐데 그럴 수도 없다. 그런 사람이 직장 상사가 되거나 가족이 되거나 하면 스트레스는 가중이 된다. 무시할 수 없는 존재가 되기 때문이다. 아무리 상식적으로 이해를 하려고 해도 이해가 안 되는 행동과 말을 하며 다른 사람들에게 피해를 주는 사람들은 분명 내면에 문제가 있다고 본다.

　자신들이 무엇을 가지고 있고, 없고의 문제가 아니다. 그 사람들은 과거에 누군가 자신을 서운하게 했던 행동들에 파묻혀 그 사람들을 원망하는 데 온 시간을 쏟는다. 그리고 급기야는 복수를 하기도 한다.

　어떻게 생각하면 우리 주변에 억울하게 일어나는 모든 일들은 자신이 생각하기 나름이다. 억울하다고 생각하는 일들에 분노와 억울함을 가지고 살다보면 자신만 피폐해진다. 하지만 아무리 억울한 일을 당했더라도 자신이 어떻게 할 수 없는 일에 있어서는 빨리 자신의 마음을 추스르고 나쁜 감정보다는 좋은 감정으로 전환시키는 것이 좋다.

나 또한 나한테 피해를 주고 해를 가하려 하는 사람을 상대하면서 너무 오랜 시간 동안 분노로 가득 찬 감정을 가지고 있었다. 그런 생각 속에 나는 망가져갔다. 하지만 분노의 감정을 뛰어 넘기로 노력했다. 좀 더 내가 넓은 마음을 가지고, 마음의 여유가 생기니 내 마음에 분노를 일으키는 그 사람의 행동이 그저 가엾게만 느껴졌다. 내 마음 또한 상대방의 어떠함이 아니라 내가 변하면 되는 것이었다.

그 이후엔 나한테 해를 가하려 하는 사람들의 이해할 수 없는 감정에 휩싸여 내 시간을 낭비하지 않게 되었다. 그저 불쌍한 마음으로 바라보고, 나에게 행복함을 느끼게 하지 않는 일이라면 가차 없이 쳐내고 버리는 훈련을 한다. 내가 변화시킬 수 없다는 걸 인정하고, 상대방의 모습 그대로를 인정하려고 노력한다.

우리가 좋아하는 드라마의 구조는 항상 선과 악의 대립이 있다. 악으로 세상을 파멸하려는 사람과 선으로 세상을 구하려는 사람들이 주가 된다. 결국은 선이 승리를 하고 악을 품은 사람들은 세상을 나쁜 쪽으로 제패하려다 스스로 자멸하고 만다.

〈독수리 오형제〉에서도 악당이 아마존에 기지를 세우고 핵을 개발하는 장면이 나온다. 그리고 스스로 폭발하여 사라진

우리는 지구가 좋다아~
이 멋진 지구가 말이야!

다. 그때 독수리 오형제의 1호는 이렇게 말한다.

> 1호: 유감스럽지만 우리가 상대하기 힘든 적이 있어.
> 만약 폭발하지 않았다면 아름다운 아마존은 전멸했을 거야.

상대하기 힘든 사람, 적이라고 불리는 사람들을 애써 교화시키거나 상대하려 하지 말자. 자신을 스트레스 받게 하는 사람들을 나쁘게 하려고 내 에너지를 낭비하지 말자. 이미 분노와 증오로 가득한 마음을 가진 사람은 자신이 가진 마음으로 인해 스스로 힘든 법이니까. 내가 애써서 그 사람들에게 알려주거나 상대하지 않아도 된다.

나를 힘들게 하는 것들을 바로잡으려고 노력하지 말고 그 시간에 내 행복을 위한 일을 생각하는 것. 그리고 내가 행복한 일만 하는 것. 그것이 상대하기 싫은 사람을 대하는 나의 처방이다. 내 마음을 감사와 행복으로 가득 채울 때 세상은 변한다. 그리고 비로소 이렇게 진심으로 말할 수 있다. 독수리 오형제처럼.

> 우리는 지구가 좋다아~ 이 멋진 지구가 말이야!

어덟 번째 이야기
결국 모든 것의 사랑

⟨로봇 태권브이⟩

평소 관심이 없던 분야도 그것에 대해 듣고, 자주 접하다보면 자연스럽게 관심이 생긴다. 아는 만큼 보이게 되고, 관심이 생기게 되는 것이다. 워낙 다양한 방면으로 호기심이 많던 나에게 범접할 수 없는 분야가 있다면 바로 미술 분야다. 어렸을 때부터 내가 잘 하지 못하고, 그래서 전혀 관심이 가지 않았다.

그런데 그것도 깨지는 순간이 있다. 첫 해외여행으로 갔던 한 달간의 유럽 배낭여행에서 가장 인상적이었던 경험을 꼽는다면 바로 '반 고흐'의 작품을 보게 된 것이라고 할 수 있다. 유럽 전역 곳곳에 퍼져 있는 반 고흐 작품을 만나보고, 네덜란드의 반 고흐 박물관에서는 그의 생전에 그렸던 작품들을 모두

보게 되었다. 나는 그림을 통해서 그의 감정 상태를 읽게 되었다. 정말 색다르고 신비한 경험이었다.

그 감정은 먹먹한 울림으로 남아 한국에 돌아와서 반 고흐에 대한 책을 섭렵하기 시작했다. 그렇게 공부를 하다 보니 그에 대해 관심이 가고 애착이 갔다. 무엇보다 고흐의 사랑론에 대해 얘기하지 않을 수 없다. 고흐는 사랑에서도 아픔을 겪으며 큰 실망과 좌절에 빠지게 된다. 유제니와의 풋풋한 사랑에 실패하고, 그 후 사촌 누이인 케이에게 사랑을 고백하지만 거절당한다. 하지만 그는 정원에서 사랑하는 커플이 거니는 모습을 화폭에 담는다.

1880년 여름, 고흐는 동생 테오에게 사랑에 대한 자신의 생각을 편지에 담아 보낸다.

"깊고 참된 사랑이 있어야 해. 친구가 되고 형제가 되며, 사랑하는 것, 그것이 최상의 힘이자 신비한 힘으로 감옥을 열게 되는 거지. 그게 없다면 우리는 죽은 것과 같아. 그러나 사랑이 부활하는 곳에 인생도 부활하지. 그 감옥은 편견, 오해, 치명적 무지, 의심, 거짓된 겸손의 다른 이름이기도 해."

진실하고 깊은 사랑을 할 때 사람은 변한다는 말을 나는 믿는다. 그리고 그 사랑은 가치를 발휘하며 사람을 만든다.

예전에는 사랑이라고 하면 내가 굳이 노력하지 않아도, 보여주지 않아도 알게 되는 것이라고 생각했었다. 그런데 인생을 살고 사랑했던 사람들과 헤어져 보고 그 사람들을 그리워하면서 깨닫는 건 어쩌면 서로에게 영향을 줄 만큼 그렇게 깊은 사랑을 하지 않았구나 하는 것이다.

달콤한 사랑만을 원했기에 헤쳐 나가야 하는 상황이 생기면 그렇게 포기를 했던 것 같다. 하지만 진정한 사랑에는 달콤한 맛뿐 아니라 느낄 수 있는 모든 맛이 있다는 것을 나중에 알았다. 완벽한 대상을 사랑하는 것이 아니라 사랑을 하면서 대상이 완벽해지는 것이다. 함께 대화를 나누며 알아가는 과정 속에서, 부족하지만 서로 맞춰가는 과정 속에서 사랑이 만들어지는 것이다. 결국 사람의 마음을 움직이고 변화시키는 것은 따뜻한 사랑이다. 훈계와 채찍이 아니라….

〈로봇 태권브이〉에서 기계인간 메리가 한 말이 있다. 메리는 영희에 대한 질투심과 아버지 카프 박사의 영향으로 로봇 태권브이의 설계도를 훔치려 한다. 나쁜 일을 저질렀는데도 훈과 영희는 메리를 이해해준다. 메리는 그때 인간의 따뜻한 사랑을 느낀다. 그리고 잘못을 뉘우치고 자신을 희생하면서까지 윤 박사를 구하려 한다.

메리: 저는 영희와 훈이한테서 뭔지 모르지만 인간의 사랑 같은 것을 배웠어요.

> 피가 흐르는 인간이 되고 싶은 거예요.
> 윤 박사: 우리 밝은 세상에서 다시 한 번 너의 꿈을 이루자.

우리의 몸은 0과 1로 이루어진 신호의 배열이 아니다. 뜨거운 피가 흐르는 인간 자체인 것이다. 그리고 결국 그런 사람의 마음을 움직이는 것은 뜨거운 피에서 나오는 사랑이다. 사랑은 사람을 변화시킨다. 피가 흐르는 인간이기에 감사하다.

갑자기 심장이 뜨거워지는 듯하다.

아홉 번째 이야기
사랑이란

〈피노키오〉

"내가 한 20분 관찰했는데, 너 계속 걔 쳐다보더라. 찡그렸다가, 애잔했다가, 웃었다가…… 넋이 나갔던데?"

드라마 〈황금빛 내 인생〉에 나왔던 대사이다. 남자 주인공이 여자 주인공을 바라보는 모습을 친구가 지켜보다가 한 말이다. 남자는 여자에 대한 마음을 처음에는 부정한다. "그런 마음도 아니고, 그럴 생각 추호도 없어"라고 하면서. 하지만 단정 지을 수 있는 마음이란 애초부터 없다. 마음이란 항상 변하기 마련이니까. 결국 남자 주인공은 여자 주인공을 사랑하고 있다는 것을 깨닫게 된다.

누군가를 사랑한다는 건 이런 것이 아닐까. 상대방을 바라보면서 찡그리기도 하고, 애잔하기도 하고, 웃기도 하는 것 말이다. 사랑이라는 건 결코 한 가지 감정으로만 정의할 수는 없다. 그 사람을 보고 있으면 좋다가도, 동정심이 생기다가도, 화가 나다가도 하는 것. 이런 복합적인 감정들이 모여 사랑을 느끼게 한다. 그리고 결국 그 사람이 느끼고 있는 감정이 내 감정으로 전달되기도 한다.

> "사랑이란, 다른 사람의 행복이 나의 행복을
> 결정짓는 아름다운 현상이라구."

〈피노키오〉에서는 이렇게 사랑에 대해 정의하고 있다. 내가 내 행복을 결정할 수도 있겠지만, 다른 사람의 행복이 나의 행복을 결정짓는 현상! 나만의 두터운 성벽을 쌓아가는 것이 아니라 서로가 서로에게 영향을 주고받고 하는 것.

그렇게 서로의 영향권에 들어가는 것이 사랑이라는 아름다운 이름이지만, 사랑을 느끼는 것만큼 중요한 것은 그 사랑을 잘 지키는 것이 아닐까. 그렇게 보면 '남'과 '여'라는 서로 다른 행성에서 온 사람들이 만났을 때는 상대방에 대해 알고, 이해하려는 노력이 필요하다. 사람마다 사랑을 느끼는 포인트가 다르기 때문이다.

게리 채프먼은 《5가지 사랑의 언어》에서 사람마다 사랑을 느끼는 언어가 다르다고 말하고 있다. 그 다섯 가지는 바로 인정하는 말, 함께하는 시간, 선물, 봉사, 스킨십이다. 다른 사람의 행복이 내 행복이 되는 '사랑'이란 것을 하고 있다면, 서로가 느끼는 사랑의 언어를 파악해서 잘 유지해 나가는 것도 좋은 것 같다. 누군가의 관계에서 소통은 아주 중요한 것이니까.

 내 경우를 본다면 나는 인정해 주는 '말'에 굉장히 민감하다. 누군가 나를 칭찬해 주거나 인정해 주는 말을 해줄 때 자존감이 올라간다. 그런 말들이 나에게 사랑을 표현해 줄 수 있는 도구가 될 수 있다. 물론 다른 것들도 중요하지 않은 건 아니다. 그중에서도 비중이 큰 것이라는 뜻이다.

 예를 들어 나는 인정하는 말을 해 주는 것이 사랑의 표현이라 생각하고, 혼자만의 시간을 갖는 것도 중요하게 생각한다. 하지만 상대방은 함께 하는 시간이 더 중요한 사랑의 표현이라 생각하는 경우가 있다. 그러면 나는 사랑받고 존중받지 못한다는 느낌을 가질 수 있다. 사랑을 한다는 것은 자신만의 기준을 대입시키는 것이 아니라 상대방의 기준에 맞춰 가는 것이다. 어쩌면 자신에게 쳐 놓았던 성벽을 서서히 무너뜨려 가는 일이기도 하다. 함께하면서 서로 맞춰가면서 조금은 더 성숙해져 간다.

 예전에는 사랑에 대해 성숙하지 못했다. 나도 완벽하지 않은데 내가 원하는 완벽한 모습의 사람을 사랑해야 한다고만 생각했다. 내가 생각해 놓은 완벽한 이상형의 모습에 어떤 사람이 자신의 옷을 입은 것처럼 들어가서 나를 찾아주길 원했다. 하지만 사랑한다는 것은 그런 것이 아니다. 그 사람을 보면서 찡그렸다가, 애잔했다가, 웃었다가 할 수 있는 것. 한마디로 정의내릴 수 없는 것. 그렇게 서로가 서로에게 영향을 주면서 딱딱했던 모서리가 둥글게 변해가는 일인 것이다.

  이제야 그런 사랑을 할 준비가 된 것 같다.

열 번째 이야기
매일 쓰는 감사일기의 힘

〈곰돌이 푸우〉

  감사할 일이 있을 때 감사하는 것은 누구나 할 수 있지만, 감사할 수 없는 상황에서도 감사를 할 수 있다는 것은 축복이다. 그 감사로 인하여 더 좋은 일들이 생기게 된다. 매일 썼던 '감사일기'가 자신의 성공 비결이라고 말했던 오프라 윈프리처럼 우리는 작은 실천으로도 마음을 바꾸고, 상황을 바꿀 수 있다.

  감사를 하면 기쁨과 행복이 찾아온다는 사실은 알고 있지만, 항상 감사하는 태도를 유지하는 것이 쉽지 만은 않다. 그러고 보면 감사도 습관이 되어야 할 수 있는 게 아닐까 하는 생각이 든다. 이참에 매일매일 감사일기를 써보는 것은 어떨까. 부담을 가지고 하는 것이 아니라 소소하게 한 줄 씩이라도 한번

써 보자는 얘기다.

  나 또한 몇 년 전에 감사일기를 쓰기 시작했고, 그 습관은 지금까지 이어지고 있다. 자기 전에 하루를 돌아보며 감사했던 일들을 아주 짧게 적는다. 특별한 게 없는 일상이라도 감사할 거리를 찾으면 그 안에서 쓸 거리는 항상 나온다. 그러다보면 아주 작은 부분까지 감사하게 되고, 기분 좋게 잠자리에 들 수 있다.

1. 화창한 날씨에 감사
2. 오늘 수업을 잘 마쳐서 감사
3. 날 찾아주는 친구들이 있어서 감사

  이렇게 작고, 사소한 감사라고 해도 매일 매일 꾸준히 하다 보면 마음이 행복해진다. 습관적으로 하는 감사에 세르토닌, 엔도르핀 등의 행복 호르몬이 분비되는 것이다. 그로 인해 행복감을 느끼게 되는 것이다.

  사실 감사일기를 쓰기 전까지는 당연하게만 생각했던 것들이다. 하지만 감사일기를 쓰면서 숨 쉬고 있는 매 순간에 감사하게 되고, 〈곰돌이 푸우〉에서 푸우가 한 말에 적극 공감하게 되었다.

매일 행복하진 않지만
행복한 일은
매일 있어.

> 매일 행복하진 않지만
> 행복한 일은 매일 있어.

　매일 행복할 수는 없을 것이다. 하지만 찾아보면 정말 행복한 일은 매일 있다. 감사일기를 쓰기 전과 쓰고 나서 소소한 변화가 있다면 어떤 기분 나쁜 상황이 생겨도 그 자체에 함몰돼서 내 속에 나쁜 감정이 생기게 놔두지 않는다는 것이다. 객관성을 가지고 감정을 컨트롤 할 수 있다는 것이 가장 큰 변화다. 또 하나, 이해할 수 없는 행동을 하는 사람들로 인해 기분이 엉망이 되는 경우가 좀 있었는데 이제는 그렇지 않다는 점도 있다. 예상치 못한 사람을 만나거나 상황이 생겨도 객관적으로 바라보며, 분노할 일을 분노로 만들지 않기 위해 해결할 것들에만 초점을 맞춘다. 그리고 그 안에서 감사할 거리를 찾는다. 어떤 상황에서든 배울 거리는 있기 때문이다.

　감사일기를 쓰는 습관은 인생의 위기에서도 큰 힘을 발휘한다. 상황 자체를 바꿀 수 없다면 마음으로 상황을 바꿀 수 있다는 것을 알게 되었다.

　인생은 내가 생각지도 못하는 방향으로 흘러가기도 하며 예상치 못한 사건의 연속이라 해도 과언이 아니다. 그런 사건에 의미를 부여하며 꼬리에 꼬리를 물고 생각하지 않고, 내가 행복할 것만을 선택하는 것이 지혜다. 그런 삶의 태도를 감사일기가 유지할 수 있게 한다.

   그렇게 감사했던 일을 매일 발견해 나가면서, 나는 내 감정을 비로소 선택할 수 있었다. 그야말로 감사일기 예찬론자가 되어 내 삶의 진정한 주인공이 되고 있다. 그리고 매일이 행복해지고 있다.

진짜 좋아하는 일을 찾는 법
내가 생각하는 진정한 교육적 마인드
잠재력을 알아봐 줄 수 있는 멘토를 만나는 것
삶의 자리에서 최선을 다한 사람
생활의 달인
선택 장애
인공지능을 다루는 방법
진짜 승자는 져줄 줄 아는 사람
때로는 모르는 게 약일 때도 있다
내가 아니면 누가 하랴

4장

생활의
달인

첫 번째 이야기

진짜 좋아하는 일을 찾는 법

〈슬램덩크〉

내가 방송 작가가 되고 싶었던 이유는 단순했다. 방송국이라는 세계가 궁금했다. 재미있고 신나는 모험이 가득한 놀이동산처럼 방송국에는 재미있는 것들, 특이한 것들로 가득 차 있을 것만 같았다. 하지만 방송국에 입성하고 1년도 아닌, 1개월도 채 되지 않아 나의 기대는 무참히 깨졌다. 방송국도 그저 평범한 사람들이 일하는 직장이었다. 상사의 눈치를 봐야 하고, 관계 속에서 기 싸움을 해야 하고, 지루함도 참아내야 하는 그런 일반적인 직장. 그리고 불시에 어떤 사고가 터질지 모르는 전쟁터라는 것도 하나 추가해야 했다. 생방송을 할 때는 늘 긴장상태였고, 24시간 대기조가 되어 일을 해야 했다. 그래도 확실히 아무 일도 일어나지 않는 것보다는 이런 스펙터클한 환경이 재미는 있었다.

작가는 글을 써야 하는 사람이다. 누군가는 그랬다. 작가는 자신을 매혹시키는 것을 묘사하는 사람이라고. 글로 묘사를 하는 것이다. 아이러니한 것은 방송 작가가 되고 싶었지만 글을 쓰는 건 좋아하지 않았다. 어렸을 때부터 글을 쓰는 게 남들보다 쉽긴 했지만 내가 좋아하는 건 아니었단 얘기다. 그걸 깨달았을 때는 글을 쓰는 것에 대한 두려움마저 느끼고 있었다.

그래서 20대 때는 다른 일들에 눈길을 돌리며 살았다. 다른 경험들을 해보고 싶었다. 내가 관심이 가는 것들에 기웃거리며 배움을 쉬지 않았다. 그건 바로 다른 나라의 언어를 배우는 일이었다. 거기엔 물론 영어가 있었다. 나는 TESOL(Teaching English to Speakers of Other Languages 영어를 모국어로 하지 않는 사람에게 영어를 가르치는 방법) 자격증을 취득하면서 자연스럽게 영어를 재미있게 가르칠 수 있는 방법을 구상하게 되었다. 그래서 내가 좋아하는 뮤지컬과 영어를 접목시켜 영어 뮤지컬을 가르칠 수 있었다. 또 우연한 계기로 영어 학원까지 운영하게 됐다.

어느 날, 상담을 위해 엄마와 학생이 함께 학원으로 찾아왔다.

학부모: 우리 아들이 수학은 잘하는데 영어를 너무 못해요.

남학생: 나는 영어가 너무 싫다니까! 왜 싫어하는 걸 굳이 해야 돼?

학부모: 못하는 걸 평균으로 끌어올려야 대학갈 때 유리하지. 그러니 해야 돼!

영어 학원 원장이라면 그런 말에 당연히 "그럼요. 당연하죠. 영어 중요하죠! 평균 이상은 만들어 놓겠습니다" 하며 어떻게든 구워삶아 등록을 시켜야 하거늘, 내 입에서는 뜻밖의 말을 하고 있었다.

"어머니, 못하는 것에 집중하지 말고, 잘 하는 것을 더 월등히 잘하게 하는 건 어떨까요?"

그것이 바로 솔직한 나의 교육 마인드였다. 학원도 비즈니스라 사업적인 마인드로 해야 하는데 왜 자꾸 난 교육을 하려 할까 생각한 적이 한두 번이 아니었다. 그렇게 하면 돈과는 멀어질 텐데 말이다.

평생 자기가 좋아하는 일이 뭔지 찾기도 힘들다. 나이가 들어서도 자기가 뭘 잘하고, 좋아하는지 알지 못하는 사람도 부지기수다. 잘하고, 좋아하는 일을 찾았을 때 온전히 칭찬해 주고 다독여 주면 어떨까? 못하는 것에 집중해서 그것들을 끌어올리기 위해 너무 많은 에너지를 쏟지 말고, 그 힘을 잘 하는 것에 더 실어주면 어떨까? 못하는 것에 집중을 하다보면 나중엔 잘하는 것조차 더 이상 잘하는 게 아닐 수도 있기 때문이다. 어떤 것에 몰입과 집중을 하는지에 따라 인생의 그림이 달라질 수도 있다. 잘하는 것에 집중해서 더 잘하게 되면 신바람 나는 인생을 살 수 있을뿐더러, 자존감이 더 상승하게 된다. 이것저것 섞어서 어떤 색깔도 낼 수 없게 만드는 것이 아니라, 고유한 색을 만들어 나가야 한다.

나 또한 그동안 하고 싶은 것들을 다 하며 살았다고 자부했지만, 본질적인 한 가지를 놓치고 살았다는 생각이 든다. 하지만 긴 방황의 끝에 내가 진정으로 원하는 것이 뭔지 알았다. 그건 바로 '글을 쓰며 사는 삶'이었다.

글쓰기를 싫어한다고 생각했었는데, 결국 나는 글쓰기를 하면서 나의 자존감을 찾았고, 평생 해야 할 일이라는 것을 깨달았다. 돌이켜보면 나보다 더 잘하는 사람이 많다는 이유로 '조금만 더 경험을 쌓고, 조금만 더 완벽해진 다음에, 조금만 더 돈을 많이 벌어놓고…' 하는 핑계들로 내가 집중해야 할 일에 유예를 시켜놓은 거였다.

사람마다 자신이 진짜 좋아하는 일을 찾기 위해 경험하는 것들은 다르다. 고등학교 때 인기 있었던 만화 〈슬램덩크〉의 한 인물인 정대만이 그랬다.

정대만은 중학교 때 전도유망한 농구 꿈나무였다. 북산고의 안 선생님에게 감명 받아 북산고로 와서 연습 도중에 부상을 당한다. 그리고 농구를 그만두고 나쁜 길로 빠진다. 하지만 정대만은 농구에 대한 열정을 버리지 못하고 안 선생님께 와서 간절하게 말한다.

"안 선생님! 농구가 하고 싶어요…"

어쩌면 슬램덩크의 다른 주인공보다 정대만에게 감정이 이입되는 건 긴 방황의 끝에서 자신이 평생 열정을 다해야 할 것이 무엇인지 찾았기 때문이 아니었을까. 인생이라는 드라마를 쓸 때 탄탄대로로 가는 것보다는 우여곡절이 있는 것이 더 공감대를 불러일으키기에 충분하니까. 그리고 그 속에서 어느 정도 동기부여가 되니까.

대사는 짧지만 많은 것들이 담겨 전율을 일으키기에 충분했다. 다시 농구의 세계로 돌아왔을 때 바닥난 체력으로 인해 힘들어 한다. 하지만 그 누구보다도 아름다운 호를 그리며 3점 슛을 성공시킨다.

"그래. 난 정대만. 포기를 모르는 남자지."

흘려버린 세월에 대해 후회를 거듭하지만 중요한 건 현재다. 자신이 원하는 것을 찾았을 때 그때부터 시작이다. 필요한 것은 자신에 대한 믿음이고, 포기하지 않는 마음이다. 정대만은 자신이 했던 방황의 시간들 속에서 자신을 가장 빛나게 하는 보석과 같은 가치를 찾았다. 그건 신념으로 이어졌다. 그리고 무엇보다 가장 행복한 삶을 살았을 거다. 전과는 다른 짜릿함을 느끼면서.

나 또한 요새 글을 쓰는 게 짜릿하다.

오늘은 몇 년 전 상담을 왔던 그 남학생이 유독 궁금해지는 날이다.

두 번째 이야기
내가 생각하는
진정한 교육적 마인드

〈피구왕 통키〉

영어 학원을 운영 할 때, 학원생 중에 예쁘게 생긴 학생이 있었다. 하지만 성격은 좀 유별났다. 자신이 언제나 주목을 받아야 하고, 친구들을 자신의 맘대로 휘두르려고 했다. 맘대로 되지 않으면 어떤 방법으로든 표현을 하는 아이였다. 근처에 있던 학원 원장님도 그 아이에 대해 혀를 내둘렀다.

하루는 학교 시험을 준비하면서 같은 학년들이 모여 듣기 평가 문제를 풀고 있었다. 한 학생이 듣기 평가 재생을 눌렀고, 원래 시험을 보는 것처럼 정확히 진행을 하고 있었다. 그런데 그 학생이 못 들었는지 한 번 더 들려달라고 했고, 재생을 누르던 친구는 규정대로 한다며 한 번 더 들려주지 않았다. 친구가 자신의 말을 들어주지 않자 뿔이 난 학생은 그 자리에서 시험지를 찢고 나갔다. 그리고는 말한다.

"기분 나쁘면 난 내 맘대로 해. 우리 할머니한테도."

분명 자랑이 아닌데 그 학생이 매우 자랑스럽게 말하고 있었다.

난 그 학생에게 잘못된 점에 대해 정확히 말했다. 그리고 학부모님과 통화를 했다. 그런데 정작 그 학생의 어머니는 자식의 성격에 대해 정확히 인지를 못하고 계셨다. 아이가 할머니 손에 커서 그렇다며 두둔하는 모습이 역력했다.

아이들을 가르치면서 느낀 것이 하나 있다면, 아이들에게는 교육으로도 바꿀 수 없는 타고난 성품이 있다는 것이다. 초등학생인데도 불구하고 성숙함과 남을 배려하는 성품을 가지고 있는 아이에게 감동을 받은 적이 있다. 그런 아이들을 보면 항상 기분이 좋다. 하지만 자신만 아는 이기적인 성향의 아이도 있다.

또 한 가지는 학원을 운영하려면 교육적인 마인드보다는 사업적인 마인드를 가지고 접근해야 한다는 것이다. 아이들의 인생을 소중히 여기며 한 인생을 바꿔놓으리라는 장대한 계획은 필요 없다. 그런 교육적인 마인드로 접근을 하다보면 정신적으로나 육체적으로나 상당히 지친다. 그런데 이 또한 자신

엄마: 옳아요. 저러는 게.
프로들의 시합이 아니니까.
마지막까지 정면으로 싸워 줬으면 해요.

의 성향대로 하게 되는 것이다. 나는 사업적인 마인드보다 교육적인 마인드가 더 강해 그렇게 운영하다가 몸도 마음도 다 지쳐버렸다.

그럼에도 불구하고 나의 교육적인 마인드는 변하지 않는다. 아이들이 다 똑같이 성적을 올리기 위해 달려 나가는 교육은 지양한다. 어려서는 성적에만 매달리는 주입식 교육이 아닌 이런 저런 다양한 경험을 하면서 자신을 알아가는 가치관을 가지는 교육에 더 힘을 쏟아주어야 한다. 그래서 더 많이 경험해 보고 체험해 보면서 자신을 알아갈 수 있도록 해야 한다. 어른들은 아이들이 맘껏 자신을 알아갈 수 있는 터전만 만들어 주면 된다. 거기에 어느 누구보다 공정하고 객관적으로 바라봐 주는 것이 중요하다.

피구를 하는 통키는 회오리 슛의 공을 던지는 상대팀 선수 민대풍에 대해 민대풍을 한방 먹이지 않고서는 마음이 풀리지 않는다고 말한다. 그렇게 달려드는 통키를 바라보는 통키 엄마는 걱정이 될 법도 한데 오히려 이렇게 말한다. 다들 말리며 그만두라고 할 때도 엄마는 침착하게 말한다.

> 엄마: 옳아요. 저러는 게, 프로들의 시합이 아니니까.
> 마지막까지 정면으로 싸워 줬으면 해요.

자식에겐 부모가 인정해 주는 것만큼 중요한 건 없을 것이다. 하지만 그에 못지않게 자식이 잘못을 했다면 정확하게 짚어주는 것도 중요하다. 그래야 성장과 발전이 있기 때문이다. 자식이기에 잘못을 덮고 가는 것은 안 된다.

팔에 부상을 입고 쓰러져 있는 통키를 향해 공을 던지려는 대풍이에게 그의 아버지는 말한다.

> "그만둬라 대풍아. 그게 너의 피구라는 거야?
> 정정당당하게 싸워야만 그게 바로 피구 경기야.
> 쓰러져 있는 상대에게 공을 맞춰서 이기면
> 너의 엄마가 기뻐할 거라 생각 하나?"

정정당당하게 자신의 실력으로 도전할 수 있는 것. 그런 가치관을 마음속에 심어주는 것. 어떤 학원을 보내야 할지 고민하는 것보다 중요한 것들이다. 그렇게 자신의 인생의 큰 그림을 그리고 성실하고 거짓 없이 나아갈 수 있는 마인드를 심어주는 것이 내가 생각하는 진정한 교육적 마인드다. 그 마인드는 평생 진정한 인생의 나침반이 될 수 있다.

세 번째 이야기

잠재력을 알아봐 줄 수 있는
멘토를 만나는 것

⟨달려라 하니⟩

대한민국 국민들을 하나 되게 만들었던 2002년 월드컵의 열기를 지금도 잊을 수 없다. 그때 그 시절을 떠올리며 가장 기억에 남는 장면을 묻는다면 박지성 선수가 히딩크 감독에게 달려가 감격의 포옹을 나누던 순간이 아닐까 한다.

박지성은 자신의 자서전을 통해 히딩크 감독과 만남을 이렇게 표현했다.

"모든 사람의 인생에는 적어도 인생을 바꿀 만한 기회가 세 번쯤 온다고 한다. 정말 그렇다면 히딩크 감독과의 만남이 그런 것 아닐까."

히딩크 감독은 박지성 선수의 정신력을 높이 평가했고, 세계적인 무대에서 뛸 것이라 예언하며 계속해서 자신감을 심어 주었다. 그만큼 박지성에게 히딩크 감독과의 만남은 운명이었고, 인생을 바꿀만한 전환점이 됐다.

히딩크 감독과 박지성 선수는 멘토와 멘티의 관계였다. 누구든 이렇게 자신의 잠재력을 알아봐줄 수 있는 멘토 한 명만 만나도 인생이 바뀔 수 있다고 확신한다. 멘토는 그 사람만의 고유한 잠재력을 보고 열정으로 승화시켜 성공으로 갈 수 있도록 길을 제시해 주는 사람이다. 고통 없는 성장은 없듯이 때로는 쓴 소리도 해 줄 수 있어야 한다는 이야기다. 쓴 맛도 알아야 달콤함도 맛볼 수 있는 법이니까.

이제까지 살아오면서 나의 멘토였다고 말할 수 있는 딱 한 분이 있다. 유명세를 가지고 있었던 분들 대부분은 막상 직접 뵙고 가르침을 받으면서 실망했던 경우가 많았다. 기대했던 것과는 다른 면이 있었다. 또 유명세에 비해 그분들이 별로 건강하고 행복한 삶을 꾸려가고 있다는 생각이 들지도 않았다. 유명세보다는 삶에 대한 진정성이 존경의 마음을 끌어내는 데 말이다.

사회생활을 하다가 20대 후반에 뮤지컬 공부를 제대로 하고 싶어 학교에 다시 들어갔을 때 정말 나의 멘토를 만났다. 그때만 해도 작가라는 이름이 있었지만 배우를 해보고 싶다는 생각을 가지고 있었다. 하고는 싶었지만 용기가 없었는데 소심한 용기를 내어 뮤지컬 연기 과정으로 입학했다.

뮤지컬은 혼자서는 할 수 없는 분야이기 때문에 협업이 중요한데 거기서 자연스럽게 작가를 맡았다. 그런데 악보를 보면서 가사를 잘 쓸 수 있다는 재능을 발견해 주신 건 그 교수님이셨다.

내가 재미있어 하지만 잘 할 수 있다고 생각도 못했던 부분을 교수님은 짚어 주셨다. 때로는 부드럽게, 때로는 날카롭게 지적을 해 주시며 성장을 위한 모든 것들을 제자들을 위해 쏟아내 주셨다. 지금은 이 세상에 계시지 않지만 나 또한 박지성 선수처럼 교수님과의 만남이 최고였다고 말하고 싶다.

이렇게 인생에서 영향을 줄 수 있는 멘토 한 명 만나는 것이 얼마나 큰 축복인지 모른다. 인생이 송두리째 바뀌기도 하니 말이다. 나의 진가를 알아봐 줄 수 있는 멘토를 만나면 지치지 않는 열정과 집중력이 생긴다. 그리고 그 안에 놀라운 성장이 있다. 그 성장으로 인해 성공하는 인생을 사는 것이다. 〈달려라 하니〉의 하니에게도 이러한 멘토가 있었다. 바로 홍두깨 선생님이다. 엄마를 생각하거나, 분노의 감정이 들 때 뛰어야 할 힘을 얻는 하니를 보며 홍두깨 선생님은 나직하게 말한다.

니가 보통 상태에서도
뛸 수 있는 애라는 것을,
그것은 너의 가슴에
사랑이 넘칠 때라는 것도.

> 이 녀석, 구실을 잃었구나.
> 마음만 먹으면 틀림없이 이겼을 텐데.
> 지독한 녀석.
> 화내지 않으면 뛸 수가 없다니.
> 그러나 네게는 타고난 소질이 있다는 걸
> 난 누구보다도 잘 안다.
>
> 하니, 난 알 수 있다.
> 니가 보통 상태에서도 뛸 수 있는 애라는 것을.
> 그것은 너의 가슴에 사랑이 넘칠 때라는 것도.

아무리 재능을 가지고 있어도 그것을 알아봐 주고, 열정으로 불을 지펴 주는 멘토가 없다면 성장을 할 수 없다. 멘토는 멘티의 이면까지도 볼 수 있는 힘이 있다. 그러한 멘토가 있다면 정말 감사한 일이고, 없다 해도 내가 그러한 멘토가 되면 된다.

나 또한 언젠가 그러한 멘토가 될 사람이기에 오늘도 열심히 최선을 다해 달린다.

네 번째 이야기

삶의 자리에서
최선을 다한 사람

〈독수리 오형제〉

　어르신들을 대하는 게 세상에서 가장 힘들고 어려운 일이라 생각했던 적이 있다. 한국의 끈끈한 가족애에 대해 불만이 있었던 적도 있었다. 그러던 중에 복지관에서 어르신들에게 영어를 가르칠 수 있는 기회를 만났는데 지금도 꾸준히 이어지고 있다.

　처음에는 어르신들을 대하는 게 어색해서 피하기 급급했다. 익숙하지 않아서 어려운 일이라 생각했고, 어쩌면 익숙해지기 싫어서 피했던 것일 수도 있다는 생각이 든다. 그런데 지금은 어르신들을 대하는 일이 아주 자연스러워졌고 어르신들과 친구가 되어 가고 있다. 어르신이라 해서 완전한 예의를 갖춰 어렵게 대하기보다는 때로 장난치면서 편하게 대하는 걸 좋아할 수 있다는 사실도 알았다. 어떤 사람이든 아이 같은 순수한 모습을 가지고 있다는 것도 알았다.

수업 때마다 어르신들의 성함을 한 분씩 크게 출석을 부른다. 그런데 몇 년을 꼬박꼬박 빠지지 않으며 앞자리를 사수하셨던 어르신이 2주째 결석하셨다. 한 해를 맞고 수업을 시작한 지 얼마 되지 않아서 봄에는 오시겠지 생각하고 있었는데 다른 어르신이 조용히 와서 말씀하셨다.

"이분 이름에 줄 그어. 엊그제 돌아가셨어."

순간 너무나도 놀랐고, 말을 잇기가 어려웠다. 무척이나 활기차셨고, 직접 운전하는 차를 타고 간 적도 몇 번 있기 때문이다. 그분의 얼굴이 스쳐갔다.

작년에 출석을 부르다가 그 어르신이 우스갯소리로 했던 말씀이 생각났다.

"사람들이 열심히 공부하러 나오다가 갑자기 안 나오면 이 세상에 없는 거여! 그렇게 알면 돼!"

매번 이렇게 누군가의 죽음 앞에서 먹먹해짐을 느낀다. 내 곁을 누군가가 떠난 것을 인정하고 받아들이는 것은 여전히 힘들고 아픈 일이다. 하지만 다른 방면으로 생각하면 죽음이 꼭 그렇게 슬픈 일만은 아니라는 생각이 든다. 어쨌든 누구나 죽음은 맞이하는 거니까. 태어나는 일에는 순서가 있지만 죽는 일에는 순서가 없다는 말도 사실이다. 그래서 항상 죽음 앞에서 여한이 없어지게 해달라고, 죽음 앞에서 인생이 아쉬워지는 일들이 없게 해달라고 기도한다. 그 인생이 그 자체로 잘 살았다고 말할 수 있기를 바란다. 죽음 앞에서 말이다. 그런 생각으로 살다보면 하루하루가 너무나도 값지고 소중하다.

이 세상에 태어난 사람들은 그냥 태어난 것이 아니다. 사람마다 저마다의 사명이 있고 소명이 있다. 그 소명대로 살다가 최선을 다하고 죽는 건지도 모른다. 죽은 사람은 몰라도 남은 사람의 몫은 크다. 하지만 남은 사람이 해야 할 것은 그걸 빨리 인정하고 보내주는 일인지도 모르겠다. 슬픔은 남은 자의 몫이긴 해도 자신의 인생을 위해 잘 다스려야 한다. 너무 그 슬픔에 함몰되어 있지 말고. 그 죽음을 보면서 자신의 남은 인생에 대해 더 잘 설계하고, 잘 살아야 할지도 모른다. 그러면 그 사람의 이름은 오래도록 기억된다.

그런 의미에서 〈독수리 오형제〉에서 지구를 지키기 위해 세상에 와서 싸우다 간 조에 대한 말이 더 마음에 와 닿는다.

> 조는 용감히 싸우다 떠났다. 이제는 잊어야 한다.
> 블랙은 우리 마음 속에 살아 있어, 죽지 않았어.
> 그 마음만 잊지 말았으면 한다.

그 어르신을 떠올리는 것처럼 먼저 떠난 사람들은 남은 사람들의 마음에 살아 숨 쉬고 있다. 최선을 다해 자신의 삶의 자리를 지킨 사람, 자신의 임무를 다한 사람, 또는 자신이 좋아하는 일을 하며 그 자리에서 떠난 사람들 모두 남은 사람들의 가슴 속에 기억됨이 분명하다.

잊혀진다는 것만큼 더 큰 슬픔은 없으니, 우리가 마음속에 지키며 그분들을 떠올려 보는 거다. 최선을 다해서 열심히 산 사람들, 그런 사람들은 사람들의 가슴 속에 영원히 기억된다.

다섯 번째 이야기

생활의 달인

〈곰돌이 푸-우〉

어렸을 때 나는 내성적인 아이었다. 겉으로 표현하는 것에 약했다. 하지만 내면의 열정은 넘쳐났다고 자부한다. 시골에서 유년 시절을 보냈던 나는 사는 환경이 답답하다고 느꼈다. 그래서 항상 하늘을 보면서 생각했다. 이 곳에서 안주하지 않고, 더 넓은 세계로 나가서 내 꿈을 펼치겠다고.

신기한 것은 어린 시절의 그 생각들이 나의 삶에 영향을 미쳐 그 생각대로의 삶을 살고 있다는 것이다. 당시엔 몰랐지만 돌아보면 생각한 대로 되어가고 있어서 놀랄 때가 한두 번이 아니다.

그렇게 방송 작가를 꿈꿨고, 방송 작가가 되었다. 사실 방송 세계에 발을 들여 놓으면 인생을 바꿀만한 일생일대의 기회가 찾아오지 않을까 하는 나름의 소망도 있었다. 소리 없이 오는 눈처럼 그렇게. 드라마 오디션을 보는 친구를 따라 갔다가 제작진의 눈에 띄어 캐스팅이 되었다든지, 방송 스태프를 하다가 출연자가 되어 인생 역전을 한 케이스처럼 말이다. "얼떨결에 시작하게 되었는데 이렇게 유명해질지 몰랐어요"라는 말을 언젠가 내뱉고 있지 않을까라는 발칙한 상상도 해봤다. 하지만 그런 우연은 일어나지 않았다. 그저 너무나도 충실히 작가 생활을 이어갈 뿐이었다. 앞에서 빛을 보는 사람이 아닌, 뒤에서 묵묵히 일하는 그런 사람으로 말이다.

솔직히 성공이란 것을 하고 싶었다. 유명해지고 싶기도 했다. 유명한 사람들은 그런 기회를 우연히 잡았다고 생각했다. 어쩌면 남들이 말하는 우연이란 기회가 나에게도 와서 이런 행운의 삶을 살게 되었다는 식의 말을 하고 싶었는지도 모른다. 그렇게 노력 없이 고속열차에 탑승하고 싶었는지도 모른다. 하지만 우연도 준비된 사람들에게 온다는 사실을 알았다. 그런 기회는 자신이 뭘 해야 하는지 목표를 잡고 그것을 위해 매일매일을 충실하게 사는 사람들에게야 온다.

개그맨 이경규 씨가 한 인터뷰에서 성공에 대해 이런 말을 했다.

"성공하려면 반복된 생활을 계속하면 된다. 사실 나이가 들면 의지할 사람이 없다. 후배한테 의지하겠나, 선배를 찾아가겠나. 믿을 것은 나 자신뿐이다. 스스로를 컨트롤할 수 있어야 하는데, 나는 반복적인 생활에서 그 답을 찾는다. 일주일을 기준으로 똑같은 패턴을 반복하며 산다. 운동을 규칙적으로 하면 근육이 생기는 것처럼 똑같은 패턴으로 생활하면 어느 순간 '내가 발전 했구나'라는 걸 느끼게 된다. 돈에 대한 욕심, 인기에 대한 욕심, 사람에 대한 욕심 다 버리고 생활의 달인처럼 살아가면 그게 성공인 것이다."

어떻게 보면 너무 많이 들어서 알고 있는 단순한 진리다. 하지만 행동으로 지속하는 것이 쉽지 않다는 것이 문제다. 그렇다면 그렇게 한 가지를 향해서 지루한 것도 참아내며 반복적인 노력을 하다 보면 모두 다 성공이란 것을 할 수 있을까? 이 문제에 대한 해답은 〈곰돌이 푸우〉가 주고 있다. 바보스러울 정도로 착하고 긍정적이지만, 위기 상황에서 냉정하고 똑 부러지는 말을 하는 곰돌이 푸우.

노력한다고 항상 성공할 순 없지만,
성공한 사람은 모두 노력했단 걸 알아둬.

강은 알고 있어.
서두르지 않아도
언젠가는 도착하게 되리라는 것을.

노력했는데 성공하지 못했다고 말하는 사람들은 아마도 삶의 방향을 잘못 설정해서 그럴 것이다. 그때는 그 경험을 통해 자신의 길이 아니라 생각하고 좋은 경험했다고 생각하면 된다. 결국 자신이 경험해 봐야 느낄 수 있기 때문이다. 자신에게 맞는 방향을 잘 설정하고 끊임없는 노력을 하다보면 끝내는 원하는 자리에 도달해 있을 거라 확신한다.

하지만 목표에 대해 조바심을 갖지 말아야 한다. 모든 일에는 순서가 있기 때문이다. 급하게 서두른다고 해서 금방 이루어지지 않는다. 차근차근 한 단계씩 밟으면서 나가다보면 어느 순간 목적지에 도착해있게 된다. 그 한 단계씩 떼는 발걸음이 꾸준하기가 힘들다는 것도 안다. 하지만 그 어떤 부담을 내려놓고 그저 오늘 할 일에만 집중해서 자연스럽게 내 삶의 일부가 되게 하자는 말이다. 푸우는 또 말했다.

강은 알고 있어.
서두르지 않아도 언젠가는 도착하게 되리라는 것을.

그렇게 흐르는 강처럼 살아가고 싶다. 꾸준하게 가되 서두르지 않아도 도착할 거라는 믿음을 가지고.

친구가 나에게 요즘 무슨 고민이 있냐고 물었다. 생각해보니 요즘엔 큰 고민이 없는 것 같다. 삶을 대하는 마음의 자세가 조금 변했기 때문이다. 예전에는 작은 문제에도 심각하게 반응하며 고민을 달고 살았는데, 이제는 나를 행복하게 만들지 않는 것에 집중하지 않기로 했다. 오직 나를 행복하게 하는 목표에만 집중하기로 했다. 그리고 지루함을 견디면서 반복적인 생활을 계속하고 있다. 그렇게 나는 내 삶에서의 진정한 생활의 달인이 되어가고 있는 중이다.

여섯 번째 이야기
선택 장애

〈은하철도 999〉

'대학원에 진학할까? 취업을 할까?'
'직장을 계속 다녀야 할까? 이직을 할까?'
'계속 이곳에 살아야 할까? 이사를 가야 할까?'

인생을 살아간다는 것은 수백만 가지의 선택지 앞에 놓이는 일과도 같다. 그리고 크든 작든 간에 매 순간 선택을 해 나간다. 하지만 항상 선택을 앞두고 머뭇거리는 사람들이 있다. 바로 나다. 일단 선택을 하면 끝까지 꾸준히 해야 한다는 생각이 강해서일까. 선택 앞에서 굉장히 머뭇거린다. 많은 고민 없이 어떤 일이든 바로 선택하고 실행에 옮기는 친구를 보면 부러운 마음이 든다. 왜 나는 이렇게 갈팡질팡하는 거지?

얼마 전에는 '선택 장애'라는 신조어도 나왔다. 선택의 갈림길에서 어느 한 쪽을 고르지 못해 괴로워하는 심리를 뜻하는 말이다. 신조어가 나올 정도면 많은 사람들이 이와 비슷한 증상을 겪고 있다는 뜻으로 해석할 수 있다. 나만이 겪는 어려움이 아니라는 것에 조금은 위안이 된다. 그렇다고 위안으로 내 인생을 계속 이렇게 살면 안 될 것이다. 매번 이렇게 어떤 선택 앞에서 고민하고 있다면 정신적으로 에너지를 너무 많이 소모하기 때문이다. 그 고민을 하느라 다른 할 일도 집중을 못하게 된다. 그저 그 고민으로 낭비하는 시간만 많아질 뿐이니까.

대체로 어떤 선택을 할 때 선택의 주도권을 남에게 넘겼던 것도 같다. 음식을 먹으러 갈 때 분명히 먹고 싶은 것이 있는데도 남이 먹고 싶은 것을 배려하는 식이다. 그래야 마음이 편했다. 또 어떤 물건을 살 때, 친구들에게 꼭 확인받는 습관이 있다. 작은 물건을 살 때는 사기 전에 확인을 받는데 전자제품처럼 고가인 것은 먼저 지르고 전화해서 확인을 받는다. 이건 아주 작은 예긴 하지만 이러한 습관들이 모여 큰 결정에 있어서도 자꾸 남들에게 물어보는 게 습관이 되었는지도 모르겠다. 내 선택에 확신을 받기 위해서라고 할 수 있다. 그만큼 나 자신이 한 선택에 자신이 없어서 그런 거겠다.

어쩌면 선택해야 할 문제 앞에서 머뭇거리게 되는 건 너무 많은 생각을 하고 있어서가 아닐까. 그 선택에 대해 실수하고 싶지 않아서가 아닐까.

때론 너무 많은 고민을 하고 있는 자신에게 자괴감이 들 때가 있다. 이럴 때는 스스로 선택하는 훈련을 조금 더 신경 쓰고 해야 한다. 자신의 목소리를 내는 것을 두려워하지 말아야 하고, 선택에 앞서 잘 판단을 해야 한다.

또한, 선택을 할 때 누군가의 말을 듣고 싶은 건 내 책임을 갖지 않고 그 선택에 대해 실패할 때 누군가를 탓하고 싶은 마음이 커서 그런 것이 아닐까 생각하게 됐다. 남의 의견을 따르면 내가 고민을 하지 않아도 된다. 하지만 내가 주도적으로 생각하면 그 이면의 것까지 많은 생각을 한다. 책임이라는 문제가 있기 때문이다. 아니면 그만큼 그것에 대해 간절하지 않을 수도 있겠다는 생각이 들었다. 〈은하철도 999〉의 철이를 보면서 느끼게 된 것이다.

기계인간이 되기 위해 메텔과 함께 999호에 탑승하여 안드로메다 은하까지 여행을 하는 철이. 메텔이 철이에게 여행을 할 것이냐고 물으면서 이렇게 말한다.

"한번 타면 두 번 다시 돌아올 수 없어. 중간에 내리게 되면 영원히 미지의 혹성을 헤매다 죽어."

철이는 그때 묻지도, 따지지도 않고 이렇게 답한다.

> 내 미래는 스스로 정하고 싶어.
> 타인에게 명령받고 싶지 않아.
> 그것을 위해 죽는다 해도 후회 따위 안 해.

그저 간절했던 것이다. 자신의 선택에 확신이 있고, 그 선택에 후회를 하지 않겠다는 것은.

며칠 전 내가 또 선택해야 할 일이 하나가 있었다. 뭔가를 배울까, 말까 하는 일이었다. 마음속에서 간절히 필요하다고 생각하고 있었고, 해야겠다는 마음이 들었는데 문제는 돈이었다. 적은 금액이 아니라서 계속 망설이게 됐다. 그런데 마음은 계속 해야 한다고 말하고 있다. 하지만 돈 때문에 포기한다면 혼자서 많은 시간을 소비해야 할 것이다. 그런데 나는 또 습관처럼 남의 의견에 귀를 기울이고 있었다. 철이가 이렇게 말하는 것만 같았다.

> 인생의 선택에 타인의 말은 필요 없어.

알면서도 참 힘든 선택. 그저 행동이 답이다. 오늘 난 그 결정을 내릴 것이다. 나의 마음의 소리를 따라서. 그리고 이제는 어떤 선택에 앞서 남들에게 물어봐야지 하는 마음을 버리고 온전히 내 마음의 소리를 따라 선택을 할 것이고 그렇게 살 것이다. 그렇게 훈련해 나갈 것이다. 계속 이렇게 답안 제출을 미루기만 하면 내 답안지는 백지 상태로 나의 번뇌만을 키울 것임을 알기에….

일곱 번째 이야기

인공지능을 다루는 방법

〈나디아〉

오랫동안 번역 일을 해 온 친구가 있다. 그녀는 유학을 다녀오지 않았는데 영어를 원어민처럼 구사했다. 회사를 다니다가 번역을 시작했는데 10년 차가 되어간다 했다. 그녀와의 인연은 조금 각별했다. 대학교 1학년 때 인터넷 채팅으로 만났기 때문이다. 그때 한창 천리안, 나우누리, 하이텔 등의 PC 통신이 시작되던 시기였다.

'삐!' 하는 소리가 시작하면 접속이 되면서 채팅이라는 신세계로 빠져들어 한동안 허우적거리던 기억이 난다. 고등학교 때는 그 곳에서 만난 친구와 펜팔도 했었다. 당시 청주에서 학교를 다녔던 나는 서울에 있는 친구와 펜팔을 했었는데, 손으로

꾹꾹 눌러 쓴 편지를 주고받았던 기억이 난다. 아직도 이름과 그의 글씨가 기억이 난다. 단 한 번도 만나본 적 없이 고3이 되면서 자연스럽게 연락은 끊겼지만 학창 시절을 떠올리며 즐거워할 수 있는 추억이 되었다.

  그 시절에 비하면 지금은 과학기술이 너무 많이 발전했다. 손바닥 크기의 작은 컴퓨터를 가지고 다닐 수 있을 거라고 상상이나 했을까. 인공지능 컴퓨터와 사람이 대결을 벌이기도 하고 인공지능 로봇은 사람들이 해야 할 일을 대신하며 편리함을 가져다주기도 한다. 하지만 인공지능의 비약적인 발전으로 다양한 직업군에서 우려의 목소리가 나오고 있다. 사람이 할 일을 기계가 대신하게 되면서 일자리가 없어질 수 있다는 것이다. 그러면 사람은 무슨 일을 하면서 생계를 유지해 나가느냐 하는 문제다.

  친구는 번역일 쪽에서 타격을 입을 거라고 했다. 인공지능 컴퓨터에 결국 자신들이 번역해 놓은 데이터를 입력해 놓는 것일 텐데, 그것에 대한 저작권은 가질 수 없다고 했다. 결국 사람들이 만들어 놓은 시스템으로 인하여 피해 보는 건 사람들이 아닐까 하는 생각을 해 본다. 사람을 대신해서 인공지능 로봇이 할 수 있는 건 서비스, 배달뿐만이 아니다. 창의력을 필요로 하는 글을 쓰거나 음악을 만들거나 하는 것들도 다 할 수 있다. 최고의 퀄리티를 뽑아낼 수 있다는 것이다.

만화 영화 〈나디아〉 속에는 과학의 발전과 함께 그것으로 고민하는 부분이 많이 나온다. 나디아는 고대 아틀란티스 나라를 건국한 왕인 네모 선장과 인류를 멸망시키고자 하는 가고일과의 대립을 보여준다. 선과 악의 대립은 극적 긴장감을 더해주는 요소다. 나디아에게는 어렸을 때 죽었다가 사이보그로 되살아난 오빠 파라시스가 있었다. 마지막 싸움 중에 파라시스는 원래 자신의 기억을 찾는다. 가고일은 그를 향해 총을 쏜다.

파라시스: 어리석군. 내 몸을 금속으로 바꾸어 놓은 게 누구였지?

가고일은 파라시스에게 공급되는 에너지원을 차단시킨다. 파라시스는 순간 동작을 멈추지만, 기적처럼 다시 움직인다. 움직이는 파라시스를 보며 가고일은 말한다.

가고일: 이럴 수가… 이런 비과학적인 일이…
인간의 의지가 과학의 힘마저도 능가한다는 이야기인가?

과학에 대한 발상, 그리고 인공지능의 발전은 사람의 필요에서 나온 것이다. 사람의 필요에 따라 나왔지만 사람보다 더 뛰어나서 우리의 삶을 위협할지도 모른다. 하지만 과학적으로 설명할 수 없는 일이 일어나기도 한다. 인간의 의지로 말이다. 그

것은 인공지능이라고 하는 기계가 절대 가질 수 없는 것이다.

〈나디아〉에는 장이라는 인물이 등장하는데 장은 과학을 신봉하고, 그것만이 전부라고 생각한다. 네모 선장은 말한다. 과학이란 양면의 칼이라 그것을 잘 이용하고 좋은 쪽으로 사용해야 한다고. 그것을 만든 건 인간이고, 관리하고 제어하는 것도 결국 인간이라고.

인공지능이 인간보다 뛰어난 기능을 갖고 있는 건 사실이겠지만 그 기능을 컨트롤 하는 것은 인간이다. 그것과 맞서 싸워 이기려고 하는 자세가 아니라 주인 의식으로 인공지능을 잘 컨트롤 하는 게 필요할 거다.

과학을 이용해서 세계를 정복하고자 했던 악당 가고일은 그 힘의 원천인 블루워터를 얻기 위해 수단과 방법을 가리지 않는다. 하지만 그 힘은 나디아에게 돌아간다. 나디아는 블루워터의 막대한 힘을 사랑하는 사람을 살리는 데 쓴다.

중요한 건 인공지능에겐 이런 사랑과 행복의 마음이 존재하지 않는다는 사실이다. 결국 세상을 살아가는 힘은 물질적인 편리함이 아니라 마음 깊이 느낄 수 있는 사랑, 기쁨, 행복, 슬픔, 아픔 등의 감정이 아닐까. 그리고 그런 감정들은 과학을 넘어서는 힘이 되기도 한다. 이제는 성큼 다가오는 미래의 인공지능에 대한 두려움과 불안함을 가지지 않아도 될 것 같다.

여덟 번째 이야기

진짜 승자는 져줄 줄 아는 사람

〈밀림의 왕자 레오〉

뮤지컬 〈맘마미아〉의 노래 중에 'The winner takes it all'이라는 노래가 있다. 제목에서 모든 것을 알 수 있듯이 승자가 모든 것을 가져간다는 내용이다. 패자는 승자의 옆에서 쓸쓸하게 있을 뿐이다. 처음에 이 가사는 이별, 구체적으로 이혼에 대해 쓴 것이다. 하지만 이 가사에 그만큼 공감하는 건 제목에서 보듯이 승자가 모든 것을 가져가는 현재를 살고 있기 때문이 아닐까 한다.

사람의 세상이건 동물의 세상이건 약육강식이 지배한다. 강한 자가 독식하는 세상이다. 또한 사람은 자연파괴를 서슴없이 한다. 〈밀림의 왕자 레오〉는 많은 것을 시사해준다. 인간들의 자연 파괴에 대해 레오는 밀림의 생태계를 위협하는 인간들을 비판하며 말한다.

살기 위해 서로 잡아먹지만 인간은 있지, 더 지독하단다.
이유도 없이 서로 죽이고 전쟁 같은 것도 해.

 살기 위해 서로 잡아먹는 것. 승자가 모든 것을 가져가는 세상이다. 승자가 되기 위해서 서로를 짓밟으며 살기도 한다. 조금이라도 뒤처지지 않기 위해 애를 쓰며 살아가기도 한다. 그러다보면 주변을 돌아보지 않고 자신만 생각하며 살아갈 수 있다. 그렇게 세상은 각박해져 간다.

 이긴다는 것은 곧 지는 존재가 있는 것이고, 누군가를 밟고 일어서는 일이기도 하다. 그리고 비교할 대상이 있다는 뜻이다. 끊임없이 그렇게 비교하면서, 이기면서 살아가려고 하다보면 진정 자신을 위한 삶이 아닌 누군가를 이기기 위한 승부욕으로만 살아가야 할 수도 있다. 그렇게 살다보면 어느 순간 허탈해질 수 있다. 과연 삶에서 중요한 게 위로 올라가기 위해 쟁취해야만 하는 것일까.

 어쩌면 정말 삶이란 저 가사 대로 승자가 모든 것을 가져가는 것일지도 모른다. 그리고 어떤 관계에서든 적용될 수 있는 말이 아닐까 한다. 삶이 하나의 게임이라고 본다면 그 게임에서 이기고 지는 사람은 존재하는 것이다. 예를 들어 사랑과 우정과 권력과 명예 등을 말할 수 있을 것이다.

사랑에서는 덜 사랑하는 사람이 이기는 것이고, 우정에서는 상대로부터 뭔가 얻어가는 사람이 있을 테고, 명예나 권력을 갖기 위해 누군가는 내려가야 하는 것이다. 사람들은 이렇게 말할 것이다. 그렇게 밟고 일어서야 성공하는 것이라고. 그렇게라도 성공을 해야 한다고.

그런데 그렇게 남을 이기고 난 이후에는 뭐가 남을까?

예전에는 참 동경하던 일도, 직접 경험을 하면서 생각했던 것과 많이 다르다는 것을 알았다. 자신이 살아남기 위해 남들을 헐뜯고 올라가야 하는 사람들의 모습, 순수하지 못한 모습들을 보았다. 내가 동경하던 세계는 생각보다 아름답지는 않았다. 그때부터 나는 권력과 명성에 집착하기보다 나의 '행복'에 더 가치를 두는 삶을 살게 되었다. 표면이 화려하게 보인다고 그 사람이 행복한 건 아니라는 것을 알았다.

하지만 아직 사회는 내가 보려는 것과는 다르게 흘러가는 것도 사실이다. 아직은 강자가 독식하는 사회이고, 레오가 말한 대로 내가 모르는 저편에선 정말 이유도 없이 죽이고 전쟁을 하는 일들도 많이 일어난다. 그런 것들을 다 알고 갈 때는 내가 슬퍼지기 때문에 되도록이면 내 삶에 오롯이 집중하고 싶다.

살기 위해 서로 잡아먹지만
인간은 있지, 더 지독하단다.
이유도 없이 서로 죽이고 전쟁 같은 것도 해.

사랑도, 우정도, 명예나 권력도 맘껏 가져 본 사람은 그것이 얼마나 허탈한 것인지 안다. 머리를 써서, 남을 밟고 일어서서 그런 일들 속에서 자기가 거머쥔 성공이란 것이 얼마나 부질없는 것인지 안다. 진짜 승자는 이런 사람이라고 말하고 싶다.

살기 위해서 서로 잡아먹고, 이유 없이 자신이 빛나 보이기 위해서 친한 사람을 깎아 내리는 사람이 아니다. 진짜 승자는 삶에서 상대방을 더 많이 사랑한 사람이고, 양보하고 내어준 사람이다.

우리는 세상에서 경쟁을 부추기며 하는 말들에 속는 일을 그만두어야 한다. 뭔가를 갖기 위해 투쟁하고, 애쓰며, 누군가를 짓밟고 올라가는 것보다 중요한 건 편안하고 여유 있게 져줄 줄도 아는 일이다. 그런 사람이 진정한 승자이다.

아홉 번째 이야기

때로는 모르는 게 약일 때도 있다

〈플랜더스의 개〉

    공수부대에서 근무하셨던 아버지는 동티모르로 파병을 가셨었다. 내가 고등학교에 다니고 있을 때였다. 하지만 야간 자율학습으로 인해 학교에서 보내는 시간이 많아 아버지의 부재를 심하게 느끼지는 못했다. 그런데 어느 날부터인가 어머니의 얼굴에 걱정이 드리워지기 시작했다. 아버지가 연락이 없다는 것이었다. 하지만 무소식이 희소식이라며 어머니는 크게 흔들리는 모습을 보이지는 않으셨다.

    그리고 한참 뒤에 알게 되었다. 아버지가 말라리아에 걸려 아팠었는데 지금은 괜찮다고 하셨다. 그 사실을 아버지가 아닌 아버지 동료로부터 들었다. 아버지는 끝까지 가족들에게 알리지 말라고 했다고 한다. 사실을 안다고 해도 멀리 있기 때문에 어쩔 수 없는 상황인데, 가족들이 괜한 걱정하는 게 싫다고 했다는 것이다. 자신이 회복하면 되니까 가족들은 모르는 게 낫다는 생각이었다.

  삶에서 얼마나 많은 것들을 알고 살아야 할까? 많은 것들을 알고 산다고 더 잘 살게 되는 것일까? 어떤 단체에 있다 보면 시시콜콜 남들의 정보를 다 알아야 하는 사람이 있고, 그냥 남들과 상관없이 묵묵히 자신의 일만 하는 사람도 있다. 그건 뭐라 할 수 없는 개개인의 성향의 차이다. 하지만 살다보면 우리는 이런 경우를 많이 겪는다. 말을 해야 하나, 말아야 하나. 알려줘야 하나, 말아야 하는 경계선에서 말이다. 그렇게 고민이 된다는 건 굳이 알려줬을 때 좋은 게 없다는 뜻이 아닐까? 그럴 땐 혼자만 간직하고 있어도 괜찮다.

  잘 지내다가 어떤 사건으로 인해 서먹해진 친구가 있었다. 그래도 오랜 시간을 함께 했기에 애틋함이 조금 남아 있었다. 하지만 더 이상 예전같이 지낼 수는 없는 관계였다. 우리 둘 모두를 알고 있던 친구를 오랜만에 만나게 되었다. 그때 굳이 듣지 않아도 될 말을 듣게 되었다. 친구는 "내가 너니까 해주는 말이야" 하면서 그녀가 나에 대해 했던 말을 전해 주었다. 나를 위한답시고 전해준 말에 이상하게 기분이 좋지 않았다. 오히려 그 말로 인해 좀 슬퍼졌다.

친구가 정말 나를 위한다면, 내가 행복하기를 바란다면 굳이 기분이 나빠지거나, 슬퍼질 만한 것들은 말을 하지 않아도 좋지 않았을까 하는 생각이 든다. 개선의 여지가 있을 땐 괜찮겠지만 그게 아니란 걸 본인도 다 아는데. 그럴 땐 답답해도 혼자 알고 있어도 된다는 이야기다. 사실 진정으로 사람을 위한다는 것은 말이 아닌 행동에서 보인다. 〈플랜더스의 개〉의 네로 할아버지처럼.

매번 주인에게 구박을 받는 개 파트라슈는 병이 든다. 그런 파트라슈를 네로가 정성스럽게 돌본다. 하지만 못된 주인은 파트라슈가 건강해 진 것을 보고 다시 데려가려 한다. 이미 네로는 파트라슈와 정이 들어 있었기에 그걸 알게 된 할아버지는 주인을 찾아간다. 네로는 할아버지에게 물어본다. 그리고 나온 나레이션은 가슴을 먹먹하게 한다.

네로: 할아버지 이제 괜찮은 거죠? 길에서 철물점 아저씨 만나도.
할아버지: 이제 괜찮단다.
네로: 잘됐다, 파트라슈!

"아직 어린 네로는 돈을 주고 파트라슈를 데려왔다는 것은 꿈에도 생각하지 못했습니다. 우유를 배달하고 받는 돈은 매일 세끼 밥을 먹기에도 빠듯했습니다. 그런 가운데 할아버지는 매일 조금씩 돈을 모아 두었던 것입니다. 그것은 매달 내야 할 한 달치 집세였습니다. 그리고 오늘부터는 철물점 주인과의 약속을 지키기 위해 이 작은 항아리에도 돈을 모으기 시작했습니다. 할아버지는 네로와 파트라슈를 위해서라면 아무리 힘들어도 계속 일을 해야겠다고 결심했던 것입니다."

물론 네로는 할아버지가 그렇게 힘들다는 것을 모릅니다. 아무것도 모르는 네로의 가슴은 행복으로 가득 차올랐습니다.

  어린 아이들이 행복한 것은 너무 많은 것을 알지 않아서다. 아이들이 보는 세상의 크기는 작고, 오직 자신에게 집중되어 자신이 원하는 것을 손에 쥐면 큰 행복감을 느낀다. 하지만 우리는 커가면서 경험이 쌓이고 많은 것들을 알게 된다. 많은 것들을 알면서 살아간다는 것은 삶에 편리함을 가져다줄 수는 있겠지만, 행복감은 예전에 비해 덜하다는 느낌이 든다.

  네로 할아버지의 삶은 팍팍했지만 네로의 행복을 자신의 행복이라고 생각했을 것이다. 기쁨은 나누면 배가 되고 슬픔은 나누면 반이 된다는 말이 있다. 하지만 사랑하는 사람에게는 그 슬픔마저 지게 하고 싶지 않아 굳이 알려주지 않는 거다. 그 사람의 행복한 모습이 자신의 행복이니까. 때론 그 사실을 몰라야 그 사람이 행복할 수 있으니까.

　세상을 살다보면 몰라서 불편할 때도 있지만, 모르는 게 약이 될 때도 많다.

열 번째 이야기

내가 아니면 누가 하랴

〈드래곤 볼〉

지난 겨울은 유난히도 추웠다. 그동안 살아오면서 느꼈던 최강의 한파였다. 많은 사람들의 몸과 마음이 꽁꽁 얼어붙었고, 특히 수도와 보일러 동파로 고생하는 사람이 많았다. 내가 살고 있는 집 또한 건물 외벽에 있는 수도가 얼어서 갑자기 터졌다. 이제까지 한 번도 동파된 적이 없어 괜찮겠지 생각했는데 역시 이번 추위는 수도도 견디기 힘들었나보다.

갑자기 집에 물이 나오지 않아 걱정스런 마음에 살펴본다고 밖에 나가봤더니 수도꼭지는 날아가고 물이 분수처럼 나오고 있었다. 당황한 마음에 건물 관련된 사람들에게 여기저기 전화를 해봤지만 다들 집에 없었다. 다급해진 나는 수도 고치는 곳에 전화를 돌렸다.

"안녕하세요, 사장님. 수도가 동파되어 난리가 났어요. 지금 좀 와주실 수 있으신가요?"
"제가 지금 다른 데 와서 갈 수 있는 상황이 아녜요! 내일이나 갈 수 있어요."

 온 동네 여기저기 동파되는 바람에 수도를 고치는 분들이 유난히 바쁘지 않았을까 한다. 다행히 내일 오겠다던 수도 아저씨는 먼저 시간을 내서 오셨고 바로 고칠 수 있었다. 조금만 늦게 발견했더라면 온통 물이 얼어붙고 어떤 일이 벌어졌을지 생각만 해도 아찔한 상황이었다.
 사실 처음부터 수도 아저씨가 빨리 와 주려고는 하지 않았다. 다른 연락받은 곳도 줄줄이 기다리고 있었기 때문이다. 그렇지만 빨리 오시지 않으면 쏟아지는 물로 난리가 아닐거라며 꼼짝할 수 없는 상황이란 것을 알려 드렸다. 수도 아저씨말고는 아무도 대체할 사람이 없다는 것을 강조했다. 그랬더니 만사를 제치고 달려오셨다. 거기엔 그분에 대한 인정과 칭찬이 한몫했다. 다른 약속된 곳이 있는데 여기 먼저 와서 고쳐 준 거라는 말이 생색내기가 아니라는 것도 알았다. 너무나도 감사했다.

나도 그렇지만 대부분 사람은 '나 아니면 안 되겠구나'를 느끼는 순간 몸과 마음이 움직이게 된다. 나 아니어도 다른 사람이 해줄 수 있다는 생각이 들면 굳이 도와줄 필요성을 못 느낀다는 것이다.

결혼을 한 언니들한테 입버릇처럼 듣는 말이 있다. 집안일이나 어떤 일이든 자신이 할 수 있어도 절대 하지 않는다고 한다. 계속 자신이 척척 해내는 모습을 보면 남편은 자기가 있어야 할 필요성을 못 느낀다는 것이다. 전등이 나가도 자신이 고칠 수 있지만 남편에게 꼭 자신이 하지 않으면 안 된다는 인식을 심어준다는 것이다. 그러면 남편은 자신의 존재 가치를 인정받는다고 생각하는데, 거기에 꼭 칭찬을 더해줘야 한다고 했다. 삶의 지혜라고 생각한다.

생각해 보면 그랬던 것 같다. 나의 약함을 인정하고, 힘들어하고 도움을 청했을 때 남자 친구가 나를 좋아했던 것 같다. 뭐든 척척 해내고 밝은 이미지는 겉으로는 좋지만 남자로 하여금 자신이 이 여자 옆에 있어야 할 유일무이한 필요성을 못 느끼게 되는 것이다. 그래서 많은 남자들이 주위에 있을 것 같은 '멋진' 여자들은 결국엔 그 한 명이 없는 것 같기도 하다. 그런데 소리 없이 한 남자를 향해 그 남자가 그 여자 옆에 있어야 할 필요성을 느끼게 하고 존재 가치를 느끼게 하는 사람들은 그 한 사람과 함께 살게 된다.

〈드래곤 볼〉에서도 그랬다. 수많은 악당과 맞서 싸우지만 그토록 강력한 용권 앞에 물러서지 않는 장면을 보면서 뭉클했다.

"내가 하지 않으면 누가 하랴!"

바로 저 정신이었던 것이다. 내가 나서서 모든 것을 해줄 수 있는 것도 좋겠지만, 때로는 저 마음을 내 주변 사람에게 심어줄 수 있는 것. 존재 가치를 느끼게 해 주고 그 일을 해냈을 때 마음껏 칭찬해 주는 것이 더 지혜로울 수도 있다는 생각을 해 본다.

월요병 퇴치 방법

내면을 보는 안목

사랑을 능가하는 책임

상대방을 애타게 만드는 방법

사람의 마음을 얻는 일

친구라는 건

말은 생각의 전부다

관계 다이어트

함께 추는 춤의 매력

지켜야 할 것이 있다는 것

5장

달콤 쌉싸름한
인생

월요병 퇴치 방법

〈톰 소여의 모험〉

나는 어렸을 때 군인 아파트에서 살았다. 중학교 때부터는 군인 교회에서 피아노를 치면서 주말 내내 보냈다. 또래 아이들보다는 군인 아저씨들과 어울리는 시간이 더 많았다. 일요일이 되면 운동장에 나와 맨 몸으로 축구를 하는 군인 아저씨들을 볼 수 있었다. 사춘기 시절 누릴 수 있었던 안구 정화의 특권이라고나 할까. 여자들이 제일 듣기 싫어하고, 공감할 수 없다는 3종 세트인 군대 얘기, 축구 얘기, 군대에서 축구한 얘기는 나에게는 제일 재미있는 추억 거리이다.

그렇게 재미있는 주말은 눈 깜빡 할 사이에 지나간다. 저녁 6시가 넘어가면서 해가 떨어지는 일요일이면 나는 한없이 이상한 기분에 휩싸였다. 아주 행복한 꿈을 꾸다가 깨어난 것만 같은 기분. 아쉬움이 가득한 일요일 저녁에 느끼는 증후군은 월요병이 올 거라는 알람과도 같았다. 월요일부터 금요일까지 일하는 직장에 다니는 어른들이나 느낄만한 이 기분을 중학교 때부터 느낀 거 보니 참 조숙한 아이라는 생각이 들었다. 그런데 그런 기분을 느끼는 건 나뿐만이 아니었다. 〈톰 소여의 모험〉에 나오는 톰도 그랬다. 톰은 월요일 아침에 눈을 뜨면서 이렇게 생각한다.

오늘도 또 보통 때와 똑같은 아침이 밝아왔다.
하지만 나한테는 보통 때와 똑같지는 않아.
왜냐하면 오늘은 월요일이기 때문이야.
오늘부터 한 주일 동안 학교 수업이라는 기나긴 괴로움이 시작되니 말이야.
차라리 달력에 일요일이 없는 게 좋다는 생각이 들어.
괜히 일요일이 있어가지고 그 다음에 월요일이 더 괴롭단 말이야.

중·고등학교 때 나는 그 월요병을 심하게 느꼈다. 어쩌면 톰의 말처럼 일요일이 없는 게 좋을지도 몰랐다. 그런데 신기하게도 진짜 달력에 일요일이 없는 날들이 얼마 동안 계속되었다. 사연은 이랬다.

당시에 아버지는 공수부대 군인이셨다. 어렸을 때 공수부대와 일반부대의 차이점에 대해 친구들과 얘기를 많이 했었다.

그에 대한 결론은 이렇게 났다.

"쉽게 말해서 전쟁이 났을 때 일반부대 군인들은 이 자리에서 우리나라를 지키는 거고, 공수부대 군인들은 다른 나라로 쳐들어가는 거야!"

그렇기에 공수부대 군인들의 훈련 난이도가 더 높았다. 그때 한창 북한이 전쟁을 일으킬 거라는 소문이 떠돌았었다. 어쨌든 군인들은 일어날지도 모르는 전쟁에 대한 대비를 해야 했다. 통계상 전쟁은 평일이 아닌 휴일에 많이 일어났다고 한다. 그때부터 한 달 여 정도 아버지를 포함한 공수부대 군인들은 월, 화, 수, 목, 금, 토, 일의 일주일이 아닌 월, 화, 수, 목, 금, 금, 금의 요일로 사셨다. 덕분에 한동안 일요일에 군인 아저씨들을 볼 수 없었다. 일단 잠시 동안의 달력의 요일을 거스르는 삶은 월요병을 이길 수 있는 어느 정도의 처방전이 되었다고 생각한다.

하지만 그렇게 기대하던 시간들도 평생 지속될 수는 없다. 그것을 느끼는 마음의 농도가 점점 옅어지기 때문이다. 뭐든 처음 경험하고 느낄 때 최고로 큰 기쁨과 환희를 맛볼 수 있으니까. 그리고 그 시간은 언젠가 사라지기 마련이고, 그 시간들 뒤에는 허무함과 허탈한 마음이 느껴지니 마음 관리를 잘해야 한다.

그렇다면 톰이 월요병을 이길 수 있었던 처방전은 과연 무엇이었을까? 바로 새로 전학 온 베키였다. 베키와 짝을 하면서 톰의 월요병은 사라졌다.

> 이렇게 해서 나는 베키와 친하게 지내게 됐다.
> 이것으로 월요일에도 학교 갈 맛이 생겼어.
> 베키를 보게 되는 학교가 너무 좋아져서 말이야.
> 공부는 좋아질 거 같지 않지만.

 어른이 되어서는 오히려 월요병을 만나지 않았다. 다행인지 불행인지 방송 일을 하면서 일하는 날과 쉬는 날의 경계가 없어졌기 때문이다. 또한 남들과 같이 평일 9시에 출근해서 6시에 퇴근하는 삶을 살지 않았다. 오히려 공연 일을 하면서는 토, 일요일이 제일 바쁘고 되레 월요일은 쉴 수 있어서 가장 신나는 날이었다. 이렇게 나는 월요병 없는 날들을 보냈다.

 하지만 일반적인 회사에서 일하는 직장인들이라면 이런 월요병은 심각할 것이다. 직업을 바꿀 수 없다면 내 마음을 바꿔야 하는 것일 테니. 그럴 때 자신만의 월요병 퇴치 방법이 있으면 어떨까 하는 생각이 든다. 톰처럼 학교나 직장에 좋아하는 사람이 있어서 그 사람을 보러 학교나 직장에 가는 것이 신난다면 좋겠지만, 이것도 한 때이고 결혼한 사람들에게는 해서는 안 될 일일 테니…. 좋아하는 화분에 물 주기라든가 좀 더 자신에게 맞는 현실적인 월요병 퇴치 방법을 찾아보는 것은 어떨까 하는 생각이 든다. 뭐든 좋으니까!

내면을 보는 안목

〈명탐정 코난〉

　얼마 전에 후배가 결혼한다고 청첩장을 들고 왔다. 4년을 만나던 남자친구와 헤어진 후, 남자를 찾기 위해 그렇게 헤맸다고 했다. 그렇게 열심히 자신의 짝을 찾았지만 집착하면 할수록 남자들이 달아나는 느낌이었단다. 남자를 찾아 헤맨 2년 동안 많은 일들이 있었다고 했다. 처절한 외로움도 느껴보고, 폭풍처럼 혼자서 사랑에 빠져 허우적대는 등 난생처음 겪어보는 감정에 마주했다고 한다.

　그 이후 마음이 한껏 낮아지고, 어느 정도 내려놓았을 때 자신과 꼭 닮은 사람을 만났다고 했다. 정말 아쉬운 건 키와 외모였지만 보는 시선을 달리 했다고 한다. 껍데기를 걷어내니 그 사람의 내면을 볼 수 있었고, 결혼까지 할 수 있었다고 했다. 그래도 뒤에는 꼭 한마디 이렇게 덧붙인다.

"키가 정말 아쉬워. 160cm가 안 돼. 그래도 좋아."

우리는 사람을 볼 때 외모를 먼저 마주한다. 그렇기에 외모로 평가를 할 수밖에 없다. 하지만 지내면 지낼수록 좋았던 외모와는 달리 실망하게 되는 경우도 있고, 첫인상은 별로였는데 점점 괜찮다고 느끼는 경우도 있다. 어렸을 때일수록 사람에 대한 경험이 많지 않기에 외모에 집착한다. 하지만 인생의 다양한 경험을 하는 동안 보이는 것이 전부가 아니라는 것을 깨닫게 된다. 비로소 내면을 바라볼 수 있는 힘이 길러지는 것이다. 그 힘은 굉장한 성장을 가져다준다.

보이지 않는 내면을 보았을 때 어떻게 변할 수 있는지는 근대 조각가의 거장인 로댕의 일화에서도 볼 수 있다. 로댕은 예술가의 길로 발을 들여 놓기 전에는 평범한 은 세공사였다. 먹고 살기 위해 날마다 열심히 일에 몰두했다. 어느 때와 같이 점토로 나뭇잎의 모형을 만들고 있던 로댕에게 콘스탄 시몬이라는 동료가 이렇게 말했다.

"자네는 표면의 모양밖에 보지 않아. 언제나 그 깊은 속을 봐야 해. 중요한 것은 무조건 내용을 충실하게 해야 하는 거야."

"모양만 보고 판단해선 안 돼.
아름다운 장미에 가시가 있는 것처럼
유난히 선한 척하는 사람일수록
속으로는 무슨 생각하는지 알 수 없는 법이니까."

그때 로댕은 충격을 받게 되었다. 생각하지 못했던 점을 일깨워 주었기 때문이다.

그렇게 시간이 흐르던 어느 날, 로댕은 청년들과 산을 오르게 되었다. 큰 바위가 길을 막고 있었는데 청년들은 그 바위에 귀찮은 눈길을 보냈다. 그러나 로댕에게는 그 화강암이 '인생을 고민하는 젊은이'처럼 보였다. 그는 그렇게 내면을 보는 눈으로 작품을 만들기 시작했고, 마침내 불후의 명작〈생각하는 사람〉을 세상에 내놓게 되었다.

나 또한 어렸을 때는 눈에 보이는 것에 가치를 두는 삶을 살았던 것 같다. 보기에 근사해 보이는 것을 좇았었고, 눈에 보이는 상황과 조건들을 우선시했다. 사람의 내면을 보려 하기 보다는 외적인 것에 더 치중했다. 그런 것들을 추구하고 가졌을 때 결국 아팠다. 나에게 진실하게 다가왔던 사람들이 떠나가는 모습을 보였을 때, 그때서야 내면의 가치에 대해 깨닫게 되었다.

"모양만 보고 판단해선 안 돼.
아름다운 장미에 가시가 있는 것처럼
유난히 선한 척하는 사람일수록
속으로는 무슨 생각하는지 알 수 없는 법이니까."

〈명탐정 코난〉에서 하이바라 아이가 한 말에 격하게 공감이 되는 이유는 그렇게 많이 가시에 찔려 보았기 때문이다. 누군가 계속 말해주었던 사실일 텐데 그때는 그냥 흘려듣다가 직접 경험을 했을 때 깨우치게 된다. 하지만 그것을 알고 있다고 해서 금방 사람이 변하는 건 아닐 거다.

  무엇을 어떻게 보느냐에 따라 인생이 달라진다. 사람의 외모보다는 내면을 봐야 한다는 것도, 보이는 것만 따라가는 인생이 아니라 보이지 않는 것들을 생각하며 살아야 하는 것도 알고 있다. 그럼에도 불구하고 확실하게 내가 좋아하는 외모가 있다는 것은 부정할 수 없다. 역시 나는 아직은 보이는 것에 마음을 뺏기는 연약한 인간인가 보다.

세 번째 이야기
사랑을 능가하는 책임

〈들장미 소녀 캔디〉

    한때 인도영화에 심취했던 적이 있다. 내가 좋아하는 뮤지컬적인 요소들, 춤과 연기와 노래가 영화 안에 다 들어가 있기 때문이다. 이야기의 구조를 보면 정말 뜬금없을 때가 많지만, 재미있게 볼 수 있는 이유는 전 세계 어디에서나 공감할 수 있는 공통적인 주제인 '사랑' 이야기이기 때문이다. 우리는 현실에서 가능하지 않다고 생각하는 일들을 영화나 드라마를 통해 대리만족을 한다. 특히 국경을 넘어선 사랑, 시대를 초월한 사랑이야기들은 더 낭만적으로 다가온다.

    인도영화 〈비르, 자라〉에 보면 국경을 초월한 사랑이야기가 나온다. 인도인 비르는 공군으로 사고 현장에서 시민들을 구하는 일을 한다. 파키스탄인 자라는 사고현장에서 우연히 비르를 만나게 된다. 그리고 이 둘은 단 이틀 동안 데이트를 하고, 국경을 초월한 사랑에 빠지게 된다. 하지만 자라에겐 정략결혼을 약속한 사람이 있었다. 비르는 자라의 행복한 결혼 생활을 위해 22년간 무고한 감옥살이를 하게 된다. 한편 자라는 결혼식을 거부하고, 비르의 고향에 가서 살게 된다.

어떻게 보면 서로를 위해 자신의 인생을 바치지만 엇갈리게 되는 사랑이야기다. 하지만 이 둘은 22년 후 재회하며 사랑의 결실을 맺는다. '이 둘의 사랑은 신이라 할지라도 결코 갈라놓을 수 없다.' 미련한 것 같지만 절절한 사랑에, 아름다운 사랑의 초절정을 보여준다.

이렇게 사랑에 자신의 일생과 목숨을 건 사람들도 있지만, 사랑하는 사람이 있음에도 불구하고 그 사람을 위해 뭔가를 할 수 없는 사람도 있다. 바로 〈들장미 소녀 캔디〉에 나오는 테리우스다.

테리우스는 어느 날, 무대에서 연극을 하던 중에 조명이 떨어지는 사고를 만난다. 그걸 본 수잔나는 테리우스를 지키면서 자신이 온 몸으로 막아내 반신불수가 된다. 수잔나의 어머니는 테리우스에게 평생 수잔나를 돌보면서, 옆에 있어주기를 바란

"내겐 사랑하는 사람이 있어요" 라고
왜 부인에게 확실하게 말을 못했을까.

다고 말한다. 테리우스는 생각한다.

"내겐 사랑하는 사람이 있어요" 라고 왜 부인에게 확실하게 말을 못했을까.

그런 테리우스에게 수잔나는 이렇게 말한다.

"당신 때문이 아니에요. 어머니도 당신을 원망해선 안 된다고 생각해요.
그러니 테리우스, 걱정하지 말고 좋은 연극을 해줘요.
그리고 그 사람과 행복하길."

하지만 테리우스는 끝까지 수잔나의 곁에 남기로 한다. 사랑하는 사람이 있지만 자신을 위해 목숨을 던져가며 희생한 사람을 그냥 두지 못하는 것이다. 어쩌면 정말 사랑을 능가하는 건 희생과 책임감일 수도 있다는 생각을 해본다. 아마 테리우스가 사랑을 선뜻 선택을 했더라면 죄책감이 더 크게 작용하지 않았을까. 테리우스같은 성격엔 말이다.

주변에서도 보면 정말 자신이 사랑했던 사람보다는 옆에서 묵묵히 지켜줬던 사람과 결혼까지 하게 되는 경우를 볼 수 있다. 특히 아플 때나, 집안에 큰일을 겪었을 때 함께 해줬던 사람과 미래를 함께 하는 것이다. 그러고 보면 사랑하는 마음을 뛰어넘는 건 책임감을 느끼게 하는 마음이 아닐까 한다.

〈비르, 자라〉와 〈들장미 소녀 캔디〉는 사랑에 대해서 전혀 다른 이야기 구조를 하고 있다. 하지만 공통점이 있다면 사랑하는 사람이 있는데도 마음대로 사랑할 수 없었다는 것이다. 어쩌면 사랑 앞에 장애물이 존재했기에 더 애틋한 감정을 불러일으키게 된 건 아닐까. 사랑의 경험을 많이 해보고 이제는 나를 아프게 하는 사랑은 안 하리라 다짐하는 나지만, 이런 이야기들에 공감이 되며 감정이입이 되는 건 어쩔 수 없나보다.

상대방을
애타게 만드는 방법

〈톰 소여의 모험〉

 '이성을 애타게 만드는 방법.' 인터넷을 열다가 또 클릭을 하고 말았다. 이런 광고성 글에 속은 것도 한두 번이 아닌데 말이다. '상대방을 유혹하는 기술'이라든지, '자신의 매력을 이성에게 어필하는 방법' 등의 제목으로 시작하는 글들을 보면 그냥 지나치지 못한다. 읽어보면 별게 없을 거라는 것을 알면서도 클릭을 하게 된다.
 호기심에 열어본 글은 역시나 내 기대를 저버리지 않았지만, 이성을 애타게 만드는 방법에 대해 두 가지로 정리해 놓은 글 앞에서 나는 한참을 보고 있었다. 첫째는, 자기주장을 가지라는 거였다. 상대방이 말하는 것에 대해 무조건 맞춰 주지 말고 싫은 건 싫다고 말할 수 있어야 상대방이 매력을 느낀다는 것. 두 번째는, 상대방의 연락만 기다리지 말고 자신의 일에 열정을 가지고 집중하면서 바빠지라는 것이었다. 그러다 보면 상대방이 관심을 가지고 귀여운 집착을 보이고 있을 거라는 말이다.

어쩌면 상대방을 애타게 만드는 방법이라기보다 전반적으로 '자신의 삶을 잘 사는 방법'이라는 생각이 들었다. 누군가를 애타게 만드는 방법이란 것은 결국 나 자신을 사랑하고 삶에 최선을 다 하고 있으면 누군가가 그 가치를 알아봐주고, 나의 매력에 설득을 당하게 되는 과정이 아닐까 한다.

그런 의미에서 상대방을 애타게 하는 방법으로 원초적인 동기를 부여해 주는 사람으로서 단연 으뜸은 〈톰 소여의 모험〉의 톰이라고 말하고 싶다. 톰은 보통 사람이 아닌 '선수'였다. 다음 한 장면에 고스란히 드러난다.

톰은 학교에 가지 않는 토요일이지만 폴리 이모의 명령으로 따분하게 담장에 페인트칠을 하고 있다. 그곳에 온 벤과 함께.

그때 이웃집 아이들이 하나 둘씩 지나가고 조라는 친구가 지나가다가 톰에게 말을 건다.

"야, 고생하는구나, 너희들."

톰과 벤은 조의 말에 아랑곳하지 않고 휘파람을 불면서 즐겁게 페인트칠을 하고 있다. 조의 호기심이 발동하는 순간이다.

"야, 너희들, 뭐 신나는 일 있었냐?"

"조, 너 왔었니? 너무 열중하다 몰랐었다. 미안해.……"

"톰 무슨 일 있었냐? 아주 재미있는 일 있었던 거지? 좀 가르쳐줘라."

"재미있는 일 정도라면 이 페인트칠 정도였어."

"페인트칠하는 게 그렇게 재미있는 일이야?"

"페인트칠이 재미있으면 뭐 잘못되는 거라도 있어? 이렇게 재미있는 일을 쉽게 찾는 건 힘들 거라고 생각되는데…."

이제 상황이 어떻게 될지 알게 될 것이다. 조는 페인트칠이 하고 싶어진다.

"톰, 나도 해보면 안 돼?

하지만 톰은 쉽게 허락하지 않는다.

"조, 미안한데, 너한테 맡길 수가 없어. 미안하지만."

"어째서."

"폴리 이모가 좀 까다로우시거든. 이쪽은 집 바깥이고 그래서 남의 눈에 띄니까 상당히 잘 칠하지 못하면 좀…."

그렇게 해서 톰은 지나가던 아이들이 페인트칠을 하고 싶게 만드는 데 성공한다. 톰은 자신의 일을 즐기는 것처럼(?) 얘기하고 있었고, 그걸 보고 관심 있어 하는 친구들에게 아무나 할 수 없는 희소가치가 있는 일이라는 주장을 했다. 그렇게 친구들은 설득되어졌다. 그것도 아주 애타게 말이다. 톰은 페인트 칠하는 친구에게 잘한다고 칭찬해주는 것까지 얹어 '완벽한 설득'의 기술 3종 세트를 선보였다.

즉, 쉽게 손에 넣을 수 있는 것에는 흥미가 반감되니 그걸 좀 어렵게 만들 필요가 있었다. 그렇다고 한도 끝도 없이 튕기다간 아예 떨어져 나가 버리면 안 되니까 적당한 선에서 조절한다. 인생의 모든 영역에서 적용될 수 있는 부분이 아닐까 한다.

다섯 번째 이야기

사람의 마음을 얻는 일

〈드래곤 볼〉

사람의 마음을 연다는 것은 어려운 일이다. 사람과 사람이 만나서 관계라는 것이 형성되는 것은 일방적이어서는 안 된다. 어떤 한 사람의 무수한 노력으로 열리지 않을 것 같은 다른 사람의 마음이 열리기도 하고, 그렇게 서로에게 특별한 사람이 되어간다. 그렇게 자신과 함께 마음이 맞는 친구나 연인을 만나는 것은 정말 기적 같은 일이다.

때로는 처음부터 그 관계가 형성되지 않을 때도 있다. 정말 싫었던 사람인데 어느 순간 좋아질 수도 있다. 그렇게 친구가 될 수도 있다. 그 사람이 괜찮아서가 아니라, 나와 잘 맞느냐의 문제일 거다.

나는 사람에 대해 호불호가 굉장히 분명한 성격이다. 좋으면 완전 그 사람에게 최선을 다하고, 싫으면 쳐다보지도 않으려 한다. 하지만 사회생활을 할 때는 이런 극단적인 성격은 좋지 않다. 포커페이스를 유지하며 사람들에게 나의 감정을 드러내지 않는 것이 좋다는 것을 안다. 감정을 드러내서 손해 보는 건 자신이기 때문이다.

어떤 사람들은 인상이 좋아서 가만히 있어도 다가오는 사람들이 많다. 하지만 나는 가만히 있으면 사람들이 나에 대해 오해를 하는 경우도 있었다. "첫인상은 그랬는데 생각했던 모습과 다르시네요"라는 이야기를 많이 들었다. 지금까지의 인간관계들을 보면 누군가 나에게 다가오기보다는 내가 다가가서 친구가 되었던 것 같다. 내 선택에 따라 관계가 형성되는데, 대부분은 좋은 사람들이었다.

인간관계에 그렇게 큰 스트레스를 받아본 적이 없었는데, 20대 후반에 큰 스트레스가 찾아왔다. 다시 공부를 한다고 갔던 학교에서 어떤 친구를 알게 되었는데 정말 그 아이가 싫었다. 왜 그렇게 싫었는지는 아직도 이유를 모르겠다. 상종하기 싫었지만, 서로 부딪히면서 일을 해야 하는 관계였다. 그 마음을 무시하려고 했지만 무시가 되지 않았다. 내가 자신을 싫어한다는 걸 안 그녀도 나에게 호락호락하지 않았다. 우린 각자의 친구 무리에서 서로를 향해 비방하고 헐뜯었다.

어느 날, 서로 마음속 얘기를 하게 되고, 나중에는 둘도 없는 친구가 되었다. 서로에 대해 첫인상만 가지고 잔뜩 오해를 하고 있던 것이었다. 사람은 겉으로만 판단할 수 없는 것인데 말이다. 서로에게 속마음을 털어놓고 솔직해졌을 때 그걸 받을 수 있는지, 없는 지에 따라 친구가 될지 남이 될지 결정된다. 서로의 관계 속으로 들어갈 때 이렇게 어떤 계기라는 게 있는 것이다.

〈드래곤 볼〉을 보면서 관계에 대해 떠올렸던 건 그 이유에서였는지도 모른다. 〈드래곤 볼〉에서 나오는 미스터 사탄은 이름처럼 처음부터 사람들이 제일 싫어하는 캐릭터였다. 그런데 나중에는 힘만이 정의가 아님을 증명해 내는 진정한 영웅이라는 평가를 받게 된다. 피콜로는 미스터 사탄의 진가에 대해 이렇게 정의를 내렸다.

> 우리가 힘으로 어떻게든 해보려 할 때 미스터 사탄은,
> 동기야 어떻든 마인 부우와 친구가 되는 길을 선택했어.
> 간단한 거야. 미스터 사탄은 마인 부우가 마음을 연 단 한 명의 인간이었다.

피콜로는 덧붙여 말한다. 힘은 자신들에게 미치지 못했어도 네 아버지는 자랑스러운 세계챔피언이었다고 말이다. 미스터

사탄을 살려둔 것에 대해 말이다.

  살아간다는 것이, 행복하다는 것이, 다른 그 무엇이 아닌 오직 사람들과의 관계 속에서 느낄 수 있는 감정이 아닐까.
  혼자서는 살 수 없는 세상이다. 누군가를 마음에 품고, 서로에게 영향을 주고받으면서 사는 것이 때로는 살아가는 의미가 아닐까 하는 생각도 해본다. 그 한 사람이 나의 인생의 전부가 될 수도 있는 것이기에. 그건 한 사람의 인생에서 천하를 갖는 것보다 어쩌면 더 중대한 일이 될 수도 있기에 말이다.

여섯 번째 이야기

친구라는 건

〈스펀지 밥〉

"보지 않는 곳에서 나를 좋게 말하는 사람은 진정한 친구이다"라고 토마스 풀러가 말했다. 오랜 시간 함께 많은 것을 공유해 왔던 친구가 있었다. 고민이 있을 때는 모든 것들을 그녀에게 털어놓았다. 가족 문제에서부터 남자 문제까지 모두 다.

어느 날, 사귀기 시작한 남자와 내 친구와 우연히 동석을 하게 되는 자리가 있었다. 그런데 그 둘은 처음 만나는 자리에서 어떤 사안에 대해 의견 충돌이 있었고 화기애애해야 할 분위기는 화기애매하게 변했다. 나는 어떤 편도 들 수 없었다. 몇 분 후, 불편한 채로 친구는 자리를 떠났다. 그리고 나중에 다른 친구를 통해 그 친구가 한 말을 들을 수 있었다.

나에 대한 친구의 평가였다. 평소 내 앞에서 했던 말과는 다르게 그 친구가 뒤에서 한 나에 대한 평가는 냉혹했다. 그녀가 평소 생각하는 나의 모습이었다고 생각하니 좀 서글퍼졌다. 그때부터였던 것 같다. 전에는 아무렇지도 않았던 그녀의 말들이 불편해지기 시작했다. 돌이켜보니 내 삶과 고민들을 친구들에게 너무 솔직하게 오픈했다는 생각이 들었다. 내가 솔직하고 진실하게 상대방을 대한다고 해서 상대방도 나에게 모두 진실한 것은 아닌데 말이다.

평소엔 아무 것도 아니었는데, 한 가지에서 걸리고 나니 이상하게 계속 신경이 쓰였다. 그렇게 신경을 쓰다 보니 힘들어할 일도 아닌데 나도 모르게 마음이 힘들어졌다. 작은 문제가 하나 걸렸을 때 그것에 집착하게 되고 그 마음은 눈덩이처럼 커진다. 말과 행동들에 의미를 부여하기 시작한다.

하지만 친구 관계에 대해서는 변함없는 나의 소신이 있다. 바로 〈스펀지 밥〉의 다람이가 한 말과 같다.

"친구끼리는 서로 진실된 모습만 보여주는 거야."

우연히 몰랐던 사람을 알게 되고, 서로에게 영향을 주는 친구나 연인까지의 깊은 관계가 되기 위해서 필요한 것들은 무엇일까? 어떤 사람들은 사람의 마음을 얻는 스킬에 대해 말한다.

친구 문제에 관해서
옳고 그른 게 어디 있겠니?
스폰지 밥. 옆에 늘 있어주면
그게 친구지 뭐.

그 방법대로만 하면 과연 상처받지 않고 내가 원하는 관계로 유지하는 것이 항상 가능한 걸까?

  나는 이렇게 말하고 싶다. 서로가 서로에게 친구라는 이름을 부를 수 있으려면 솔직하고, 진실해야 한다고 말이다. 가식은 언젠가 들통 나기 마련이고, 그 관계는 오래갈 수 없다. 진실한 모습을 보인다는 건 상대방에 대한 신뢰가 있기 때문이고, 그 신뢰는 서로의 관계에 있어 결정적인 역할을 한다.

  드라마 〈슬기로운 감빵 생활〉을 보다가 친구에 관해 다시 한 번 생각하게 되었다. '감빵'을 배경으로 하고는 있지만, 어린 시절에 같이 야구를 했던 두 친구의 우정 이야기도 담겨 있다. 한 명은 어떤 사건으로 인해 죄수가 되고, 한 명은 교도관이지만 서로에 대한 마음, 그리고 행동은 감동을 준다. 드라마를 같이 보던 친언니가 나에게 갑자기 질문을 한다.

  "너는 저런 친구가 있어?"

  문득, 자신 있게 말하지 못하는 나를 본다.

  어른이 되면 친구에 대한 고민은 더 이상 안 하게 될 줄 알았는데, 어른이 되어서도 관계에 대한 고민은 끝이 없는 것 같다. 좀 더 실질적이고 현실적이라 불리는 다른 것들로 고민거리가 많아질 줄 알았는데, 매번 비슷한 것으로 고민하고 있는 것을 보면 매번 반복되는 사람의 성향이란 것이 있나보다. 어쩌면 그 부분이 내가 인생에서 중요하게 생각하는 요소라고 생각할 수 있을 것이다. 사람마다 자신의 인생에서 가치를 두는 부분은 다르니까 말이다.

　친구에 대한 생각을 깊게 하면서 〈스펀지 밥〉이 많이 공감되었다. 스펀지 밥은 친구 문제로 힘들어 한다. 그런 스펀지 밥에게 뚱이는 명쾌하게 말한다.

> "친구 문제에 관해서 옳고 그른 게 어디 있겠니?
> 스폰지 밥. 옆에 늘 있어주면 그게 친구지 뭐."

　옳고 그름도 따지지 않고, 어떤 평가도 하지 않고, 그냥 늘 옆에 있어 주는 사람. 그렇게 서로에게 영향을 주고받는 사람. 그게 친구가 아닐까 한다.
　그런 친구, 내가 되어주면 되는 거다.

일곱 번째 이야기
말은 생각의 전부다

〈명탐정 코난〉

"너는 제일 예민한 게 뭐야?"
"나는 침대. 침대는 나만 써야 해. 누구도 앉으면 안 돼. 넌?"
"글쎄다…. 난 말인 거 같아. 언어에 굉장히 예민해."

사람마다 자신의 예민한 부분들이 다 있다. 어떤 사람은 자신만의 공간일 수도 있고, 물건일 수도 있다. 보통 어떤 것에도 무디게 반응하는 나인데, 유독 예민한 게 있다면 바로 다른 사람이 하는 '말'이다. 말은 말에서 그치는 것이 아니라 내뱉는 사람의 생각을 담고 있기 때문이다.

배우들이 연기를 할 때 제일 중요하게 생각하는 부분이 무엇일까? 대사를 통해 말하고자 하는 바를 명확히 전달하는 것이다. 있는 그대로의 문자 해석을 할 수도 있겠지만 대사 속에서 나타나는 숨은 의도를 파악하는 것이 관건이다. 그래야 그 대사의 맥락을 이해할 수 있다. 바로 서브텍스트(subtext)라고 한다. 배우들이 유독 센스와 유머가 발달한 이유는 말의 숨은 의도를 찾는 훈련이 되어 있기 때문이 아닐까 하는 생각을 해본다.

외모에서부터 '천상 여자'라고 쓰여 있는 사람이 있다. 나는 내가 그런 이미지를 풍기는 사람이 되기를 원하면서도 그런 이미지를 가지고 있는 사람을 별로 좋아하진 않는다. 하지만 대화를 해보고 진정성이 느껴지면 그때부터 친구가 된다. 이미지에서 오는 가식적인 느낌이 작동해서다. 하지만 사람은 서로 말을 해보기 전까지 그 사람에 대해 완전히 알 수 없는 것만은 사실이다.

나는 어떤 사람을 마음속에 받아들이기까지 좀 시간이 걸리지만 한번 마음에 받아들이면 관계에 대해 최선을 다하는 스타일이다. 그리고 온전히 그 사람을 믿어버린다. 사람은 믿을 존재가 아니라 사랑해야 하는 존재인데 말이다.

우리는 말의 중요성에 대해 많이 이야기한다. 말 한마디로 기쁠 수도 있고, 상처를 줄 수도 있기 때문이다. 그리고 정말

한번 입 밖으로 내뱉은 말은
결코 주워 담을 수 없어.
말은 칼날과 같아
잘 못쓰면 무서운 흉기가 돼.

더 나아가서 상대를 살리게 할 수도 있고, 죽게 할 수도 있는 것이 말이라는 거다. 〈명탐정 코난〉에서의 코난이 내가 하고 싶은 말을 그대로 했다.

한번 입 밖으로 내뱉은 말은 결코 주워 담을 수 없어.
말은 칼날과 같아 잘 못쓰면 무서운 흉기가 돼.
말실수로 평생 친구를 잃을 수 있어.
한번 어긋나면 다시는 못 만날 수도 있다고!

소통의 달인이라고 하는 방송인 유재석 씨가 말한 '소통의 10법칙'이 유독 마음에 와 닿는 날이다.

1. 앞에서 할 수 없는 말은 뒤에서도 하지 마라. 뒷말은 가장 나쁘다.
2. 말을 독점하면 적이 많아진다. 적게 말하고 많이 들어라. 들을수록 내편이 많아진다.
3. 목소리의 톤이 높아질수록 뜻은 왜곡된다. 흥분하지 마라. 낮은 목소리가 힘이 있다.
4. 귀를 훔치지 말고 가슴을 흔드는 말을 해라. 듣기 좋은 소리보다 마음에 남는 말을 해라.
5. 내가 하고 싶어 하는 말보다, 상대방이 듣고 싶은 말을 해라. 하기 쉬운 말보다 알아듣기 쉽게 이야기해라.

6. 칭찬에 발이 달렸다면 험담에는 날개가 달려 있다. 나의 말은 반드시 전달된다. 허물은 덮어주고 칭찬은 자주 해라.
7. 뻔한 이야기보다는 펀(fun)한 이야기를 해라. 디즈니만큼 재미나게 해라.
8. 말을 혀로만 하지 말고 눈과 표정으로 말해라. 비언어적 요소가 언어적 요소보다 더 힘이 있다.
9. 입술의 30초가 마음의 30년 된다.
10. 나의 말 한마디가 누군가의 인생을 바꿀 수도 있다. 혀를 다스리는 건 나지만, 내뱉어진 말은 나를 다스린다. 함부로 말하지 말고, 한번 말한 것은 책임져라.

말의 중요성은 실로 우리가 생각하는 것보다 대단하다. 긍정적이고 좋은 말을 계속 하면 인생은 그렇게 흘러가게 되지만, 자신이나 상대방을 향해서 부정적이고 비난이 섞인 말을 한다면 말한 대로 그대로 흘러간다. 말이 그냥 말이라서 무서운 게 아니다. 말은 내뱉는 그 사람이 가지고 있는 생각의 전부이기 때문이다.

관계 다이어트

〈키다리 아저씨〉

　나는 텔레비전 보는 것을 좋아하지 않았었다. 특히 예능 프로그램은 더더욱이다. 어쩔 수 없는 직업병이라는 것은 있나보다. 간혹 예능 프로그램을 보는 이유는 아무 생각 없이 웃고 싶어서일 거다. 하지만 텔레비전을 보다보면 프로그램 자체를 즐기지 못하고 분석을 한다. 프로그램 구성에서부터 자막까지. 특히나 자막 부분에 굉장히 예민하다. 자고로 한 프로그램이 만들어져 많은 사람들의 공감을 이끌어 내려면 연출, 작가, 출연자라는 삼박자가 잘 맞아야 한다는 생각이다. 그런 와중에서도 챙겨보려고 하는 프로그램이 있다면 JTBC 〈비정상 회담〉이다. 한번은 텔레비전을 시청하다가 자막의 맞춤법이 틀린 것을 보고 작가를 걱정하기도 했다.

어느 날, 탤런트 정용화 씨가 그 프로그램에 출연해 관계에 대한 고민을 전했다. 인간관계가 일처럼 느껴진다는 것이다. 스케줄을 소화하는 것처럼 형식적으로. 심지어 사람들과 전화하는 게 싫다고까지 했다. 공감이 되는 부분이 있었다.

나는 어렸을 때부터 사람들과의 관계로 고민을 많이 해왔다. 그렇다고 내가 사람들과 잘 어울리지 못하는 건 아니다. 진정성에 대한 고민이었던 것 같다. 잘 어울리면서도 관계 안에서 많은 고민을 한다. 어쩌면 친구에 대한 기대와 욕심이 있어서일 수도 있겠다. 고민은 나와 맞지 않는 것에서부터 발생하니까. 고민이 생기지 않는다는 것은 아무 탈 없이 잘 맞는다는 의미일 테니까. 〈키다리 아저씨〉에 나오는 주디도 이런 고민을 했다. 자신의 후원자인 키다리 아저씨에게 보내는 글 속에 주디의 진짜 마음이 담겨져 있다.

> 아저씨도 아시겠지만, 대학 생활에서
> 힘든 건 공부가 아니에요.
> 친구들과 어울리는 일이지요.

공교롭게도 예전의 내 영어 이름이 주디였다. 나중에 주디는 좀 어린 느낌이 든다는 생각에 엘리로 바꿨다. 중학교 시절에 선생님이 우리들의 고민을 적어내라고 하셨다. 물론 형식적인 것이었겠지만. 한참을 고민하던 나는 '친구 관계'라고 적어냈다. 그때 내가 관계라고 썼던 건 정말 싫어했던 친구 때문이었다. 싫은데 같이 뭔가를 해야 하고, 계속 부딪히며 살아야 하는 그 불편함은 나만 느끼고 있었던 것일 거다.

그런데 내가 더 놀랐던 건 40명이 되는 반 친구들 속에 관계라고 적었던 건 나 한 명이었다. 반 친구들의 고민은 성적이었고 진로에 대한 부분이었다. 어쩜 이리 고민에 대한 부분도 천편일률적일까 하는 생각을 했다. 물론 그 시기에 성적과 진로에 대해 고민하는 건 당연한 일이겠지만.

이런 고민들은 학창시절이면 끝날 줄 알았다. 하지만 사람과의 관계에 대한 고민은 살아가면서 계속할 수밖에 없다는 것을 알았다. 나뿐만이 아니라 많은 사람들이 이 문제로 고민하고 있다는 것도 알게 되었다. 그게 조금은 위로가 되었다. 최근 들어서 한국 사회에서는 인간관계로 권태로움을 느끼고 급기야 사람들 간의 관계 맺는 것을 포기하는 사람들까지 발생하고 있다는 기사도 접했다. 새로운 사람과 관계를 맺는 것에서 정신적인 스트레스가 발생하기 때문이라고 한다.

사람과의 관계에 대해 고민을 하는 사람들은 어쩌면 삶에서 자신이 위주가 되기보다는, 남을 먼저 생각해서 그런지도 모른

아저씨도 아시겠지만,
대학 생활에서
힘든 건 공부가 아니에요.
친구들과 어울리는 일이지요.

다. 자신의 내면은 거칠고 황폐해졌는데, 다른 것만 돌보는 것이다. 본질적인 것을 외면한 채.

관계에 대해 많이 생각이 들거나 고민을 하게 될 때 그것을 굳이 풀기 위해 노력하지 않았으면 한다. 잠시 그것으로부터 분리되는 시간도 필요하다. 남과 하는 관계가 우선이 아니라 내 내면이 바로서고 행복해지는 게 우선이기 때문이다. 주디가 쓴 글에서 그에 대한 해답을 다시 찾았다.

> 좋은 성격은 추위나 서리에 상처받으면 풀이 죽기도 하지만
> 따뜻한 햇살을 만나면 쑥쑥 자라난답니다.
> 저는 역경과 슬픔과 좌절이
> 정신력을 강하게 한다는 주장에 반대해요.
> 자신이 행복해야 비로소
> 상대방에게 친절도 베풀 수 있는 법이거든요.

정용화 씨의 경우 연락을 거절해가며 자작곡을 만든다고 말했다. 20대 때 하루에 약속이 2-3건이 있을 정도로 사람을 많이 만나며, 관계에 최선을 다했던 나도 지금은 '집순이'가 되었다. 사람들과의 관계에 초점이 맞춰져 있던 나의 삶의 우선순위에 재설정이 필요했기 때문이다.

나는 내면의 소리에 먼저 귀를 기울였다. 역경과 슬픔 등의 부정적인 감정들을 받지 않기로 했다. 그리고 내가 좋아하는

일, 내가 행복한 일을 찾고 그것에만 집중하기로 했다.

   내 마음이 행복하면 그 어떤 관계의 문제도, 내가 어딘가 속해서 인정을 받아야만 한다는 욕심도 내려놓게 된다. 고민하지 않게 된다. 그것을 위해 때로는 지친 관계를 내려놔도 된다. 자신만의 시간을 가져도 된다. 나는 그렇게 관계 다이어트를 하며 내 영혼을 살찌우고 있는 중이다.

아홉 번째 이야기
함께 추는 춤의 매력

〈개구리 왕눈이〉

　스윙, 살사, 탱고 등 춤을 배운 적이 있다. 춤을 잘 추는 사람들을 보면서 '저렇게 춰 봤으면 좋겠다'라는 소망이 가득했다. 완벽한 모습 뒤에는 숨은 노력이 존재하고 있다는 것을 모르는 건 아니다. 끝까지 해내리라 하는 야심찬 마음으로 시작한 스윙은 춤도 기본적인 재능이 있어야 하는 거라며 6개월 만에 그만 두었고, 살사와 탱고 역시 배운 지 한 달 만에 그만두었다.

　그 와중에 이 세 가지 춤의 공통점을 발견하였다. 혼자 출수 없다는 것이다. 남자와 여자, 둘이서 추어야 하는 춤이다. 남자를 리더(Leader)라고 하고 여자를 팔로워(Follower)라고 부른다. 호칭에서 나타나듯이 누군가는 리드를 해주고, 누군가는 그 리드를 따라 춤을 추는 것이다. 리더가 손으로 텐션을 주면서 신호를 보내면 팔로워는 그 신호를 읽는다. 춤에도 무언의 언어가 존재하는 것이다.

팔로워가 비록 초보라 할지라도 춤을 잘 추는 리더를 만나면 굉장히 잘 춰 보인다는 것이다. 그리고 춤을 온전히 즐길 수 있게 된다. 반면, 리더가 초보여서 리드를 능수능란하게 못한다고 해도 팔로워는 그것을 존중해 줘야 한다. 자신이 리드를 하겠다고 손에 힘을 주면서 멋대로 춤을 추면 춤의 조화가 깨지고 만다. 진정 춤을 즐길 수도 없다. 팔로워에게 필요한 건 몸에 힘을 빼는 일이다.

살사나 탱고 같은 둘이 추는 춤에 대한 인식은 나이가 들면서 조금씩 달라지는 것 같다. 그런데 참 희한하게 춤을 추면서 상대방의 인성까지도 알게 된다. 손이 주는 텐션, 무언의 언어 속에 배려를 하는 사람인지, 고집이 있는 사람인지의 성격까지도 파악할 수 있다. 또한 춤을 통해 배워간다. 상대방을 배려하는 것, 상대방과 함께 호흡을 하고 맞춰가는 것에 대해.

어릴 때는 혼자 추는 방송 댄스나 재즈 댄스 위주로 춤을 배운다. 나이가 들면서 함께 추는 춤에 관심이 가는 건, 혼자가 아닌 누군가와 함께 하는 것 자체에 의미가 생기기 때문이 아닐까 한다. 그리고 나의 삶에서 우리의 삶으로 인식이 옮겨가는 과정이 아닐까 한다. 춤을 출 때 상대방과의 합, 호흡이 잘 맞을 때 최고의 기분을 느낄 수 있다.

  인생 또한 누군가와 합을 맞춰가면서 그 안에서 서로 공감이란 것이 형성될 때 충만한 느낌을 가질 수 있는 것 같다. 그리고 그런 사람이 옆에 존재한다는 것은 참 행복한 일이다. 기쁜 일이 있을 때 함께 축하해 줄 사람이 있다는 것, 힘든 일이 있을 때는 언제든 와서 용기를 북돋아 줄 수 있는 사람이 있다는 것 말이다. 〈개구리 왕눈이〉에서는 그러한 존재로 아롬이가 있었다. 피리불기에 재주가 있는 왕눈이에게 무지개 연못의 어디선가 사뿐사뿐 안개를 헤치고 나타나는 아롬이, 아롬이는 이렇게 말한다.

넌 피리를 불어. 내가 춤을 출게.

  왕눈이의 재능을 인정해 주고, 자신은 자신이 잘하는 일을 한다. 그리고 한 팀이 되어 아름다운 조화를 만들어 낸다. 자신이 원하는 것을 상대방에게 요구하는 것이 아니라 있는 그대로 봐 주고 인정해 주는 것이 중요하다. 그리고 풀이 죽어 있는 왕눈이에게는 언제나 긍정적인 말로 힘을 준다. 참 지혜로운 아롬이다.

아롬이: 왕눈이와 나와 둘이서 즐거운 연못으로 만들어야 해.
왕눈이: 이제 아무 것도 무섭지 않아.
아롬이: 나도 그래.
왕눈이: 지치지 않을 거야.

 서로에게 이렇게 긍정적인 영향을 주고 힘이 되는 존재가 된다는 것. 그리고 그런 사람과 함께 세상을 살아간다는 것은 분명 행복이다. 어쩌면 이제 춤도 혼자 추는 것보다 둘이 추는 춤이 좋아지는 것처럼 누군가와 함께 인생이라는 춤을 추고 싶은 것이 아닐까.
 둘이서, 둘만의 세상을 만들어 가면서 무섭지도, 지치지도 않는 삶을 살고 싶다는 생각이 든다.

열 번째 이야기

지켜야 할 것이 있다는 것

〈짱구는 못 말려 : 어른제국의 역습〉

혈혈단신으로 살아온 아버지에게 군대라는 조직은 참 각별했다. 건강한 신체만을 가지고 할 수 있는 일이 있음에 감사했다. 군인이라는 신분으로 30년 이상을 지낸 아버지는 말씀하셨다. 젊었을 땐 군 생활이 싫어서 탈영도 했었는데 그때 붙잡아준 선배와 나라에 감사하다고 했다. 군 생활을 하면서 위기가 없었던 건 아니다. 공수부대의 특성상 매번 뛰어야 했던 강하훈련에 다리가 부러진 건 수차례, 동티모르 파병을 가서 말라리아에 걸리고, 유행성 출혈열이라는 바이러스 감염질환에도 고생했었다. 하지만 아버지는 지금도 건강한 모습으로 하루하루를 살고 계신다.

어느 날, 가슴에 종양이 발견되어 수술을 한 친구가 말한다. 자신이 혼자 있을 때는 병에 걸리거나 하는 게 두렵지 않았는데, 자식이 있는 순간은 달라진다고. 자식은 내가 지켜야 한다고. 그래서 필사적으로 살아야 한다고 했다.

어쩌면 사람은 자신이 지켜야 할 것이 있을 때 평소 자신이 생각했던 것보다 더 큰 역량을 발휘하는 것 같다. 큰 에너지가 발산된다. 힘든 위기의 순간에서도 필사적으로 살아야 한다는 생각이 드는 건 자신이 지켜야 할 것들이 있기 때문일 거다. 어쩌면 아버지도 고통과 위기의 순간마다 우리를 생각하며 버티셨던 건 아닌지.

살아가야 하는 이유는 큰 것에 있지 않다. 〈짱구는 못 말려〉의 짱구 아빠도 그랬다. 현재를 고단하게 사는 사람들에게 과거는 추억이고 낭만이다. 고단한 21세기를 사는 사람들에게 20세기 과거로 돌아갈 수 있는 20세기 박물관이 열린다. 이 모든 것을 조종하는 악당은 과거에 머무르는 것이 완벽한 세상이라 생각하고 냄새를 뿌린다. 그 냄새를 맡은 어른들은 어린애처럼 변한다.

이상하다고 생각한 짱구는 아빠를 지키기 위해 온갖 방법을 동원하다가 '냄새'라는 키워드를 알아낸다. 과거의 냄새를 맡고 변했으니, 현재에서 가장 익숙한 냄새를 맡게 되면 아빠가 원래대로 돌아올 거란 생각이다. 그 냄새는 바로 일하는 아빠의

난 엄마랑 아빠랑 짱아랑 흰둥이랑
같이 살고 싶으니까요.
싸우기도 하고 혼나기도 하지만
같이 있고 싶으니까요.

상징인 고약한 발 냄새였다. 냄새를 맡은 아빠는 자신의 어렸을 때부터 가족을 이루고 사는 지금 모습이 스쳐 지나가며 회상에 젖는다. 행복하면서도 힘들었던 모습이 교차한다. 그리고 이내 눈물을 흘린다. 정신을 차린 가족은 악당 '켄'과 '치코'를 따라가서 말한다.

> 켄: 아직도 포기 안 했나?
> 신형만: 응. 난 우리 가족이랑 같이 미래에서 살 거야.
> 켄: 신형만, 그동안 고생 많았다. 하찮은 삶을 사느라 말이야.
> 신형만: 내 인생은 결코 하찮은 인생이 아니다.
> 가족이 주는 행복이 얼마나 큰지, 너에게 알려주고 싶을 정도라고.

짱구 아빠의 삶에 있어서 지켜야 할 것은 바로 '가족'이었다. 그리고 짱구에게 있어선 어린아이로 돌아간 '아빠'가 지켜야 할 존재였다. 그들은 지켜야 할 것들을 위해 필사적인 힘을 다 한다. 그 노력이 눈물겨우면서도 아름답다. 뭔가에 간절할 때 초월적인 힘이 발휘되는 것은 사실이다. 그리고 끝까지 악당을 쫓아간 짱구는 미래는 더럽고 추하다는 치코의 말에 덧붙인다.

> 짱구: 난 엄마랑 아빠랑 짱아랑 흰둥이랑 같이 살고 싶으니까요.
> 싸우기도 하고 혼나기도 하지만 같이 있고 싶으니까요.
> 그리고 난 빨리 어른이 되고 싶어요.

> 빨리 어른이 돼서 누나처럼 예쁘고 섹시한 여자 친구를
> 많이 사귀고 싶단 말이에요.

 역시 미워할 수 없는 짱구다운 발상이다. 싸우기도, 혼나기도 하지만 '그냥 같이 있고 싶은 것', 같이 있음으로써 살아갈 이유를 발견하게 된다.

 지켜야 할 것들이 있다는 것. 때로는 그로 인해 힘들다는 느낌이 있어도 그것 때문에 이겨낼 수 있다. 그렇게 우리는 지켜야 할 것들로 인해 자신의 삶을 지켜나간다.

내 인생은 결코 하찮은 인생이 아니다.
가족이 주는 행복이 얼마나 큰지,
너에게 알려주고 싶을 정도라고.

착한 아이 콤플렉스
믿음을 잃지 않는다는 것
내면의 진정성에 대하여
너 자신부터 사랑해
중요한 건 내가 생각하는 나
나를 믿어주는 단 한 사람
직접 세상을 보고 만지는 힘
젊게 살기에 너무 늦은 나이란 없어
가장 최고의 것이 오고 있는 중이니까
좋은 지도자가 세상을 이끌어 주었으면…

인생은
숙제 아닌 축제

첫 번째 이야기

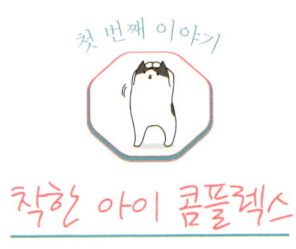

착한 아이 콤플렉스

〈신데렐라〉

'착한 아이 콤플렉스'라는 말이 있다. 타인으로부터 착한 아이라는 말을 듣고 싶어 자신의 욕구나 소망을 억압하는 심리적 콤플렉스라고 한다. 자신의 판단이 주가 되는 것이 아닌 타인의 판단을 절대적으로 내면화한 것이다. 착하지 않으면 타인으로부터 인정받고, 사랑받을 수 없다는 생각에 남의 눈치를 보고 그에 부응하려고 노력한다.

나 또한 착한 아이 콤플렉스가 있었다. 누군가와 갈등을 겪는 게 싫어서 상대방의 의사에 맞춰 주거나 내 마음에 좋고 싫은 게 분명하게 없어서 그렇기도 했다. 또한 상대방의 말들이 내가 수용할 수 있는 범위여서 웬만하면 배려를 해왔다. 그런데 중요한 건 배려도 계속하다 보면 습관이 된다는 것이다. 그리고 배려를 받는 상대방은 그것을 당연하게 여기고 자신의 생각을 더 요구할 때도 있다. 배려한다는 건 그만큼 배려받고 싶다는 무언의 바람일 수도 있는데 받기만 하는 사람들은 그 부분까지 생각하지 못할 때가 많다.

상대방이 어떤 말을 하든 '오케이'를 외치다 보니 무슨 말을 해도 이해해줄 줄 알고, 선약을 편하게 취소하는 친구도 있다. 무조건 자신의 편의에 따라서 말이다. 친구와 약속한 어느 날, 난 일을 마치고 약속 장소에 가려 했다. 그 찰나 친구에게서 연락이 왔다.

"지금 약속 장소에 가는 길인데, 짐도 무겁고 컨디션도 별로라 그냥 집에 가는 게 나을 거 같은데, 넌 어때?"

나에게 의사를 물어보는 것 같지만, 본인이 다 결정한 뉘앙스다. 굳이 이런 기분이면 만나서도 기분이 좋지 않을 것 같아서 나도 바로 수긍하며 말을 한다.

"그래, 그럼 다음에 보자."

초등학교 때부터 고등학교 때까지 개근상을 놓친 적이 없을 정도로 학교에 출석했던 나. 비가 와도, 눈이 와도, 몸이 아파도 꼬박꼬박 나갔던 것이다. 어린 시절부터 그렇게 성실함으로 무장한 나는 다들 그렇게 살아가는 줄 알았는데 그렇지 않다는 것을 대학에 와서 알게 되었다. 무엇보다 친하다고 생각했던 이 친구를 통해 확실히 느낄 수 있었다.

　나보다는 남을 우선시하느라 내 몸이 부서지는 한이 있어도 앞에 놓인 일은 모두 소화하겠다는 나와는 달리 철저하게 자신의 몸을 우선시하며 살아가는 친구. 그 친구는 언제나 자기중심적으로 선택하고 결정을 내렸기에 심각한 고민이 없어 보였다. 이런저런 사람을 신경 쓰며 작은 것부터 큰 것까지 온갖 고민을 떠안고 사는 나와는 달라도 너무 달랐다. 그렇다고 해서 남들에게 피해를 주는 것도 아니기에 주변에선 그런 그녀를 그냥 인정해주었다.

　가끔 내가 너무 고단하다고 느껴질 땐, 그녀의 자기중심적인 결단력을 부러했던 건 사실이다. 그리고 난 그녀가 어떤 말을 하든 '그럼 그렇지' 하면서 넘겼던 것 같다. 전에 보여준 그녀의 태도와 행동 탓에 그녀에게 '기대'라는 것을 하지 않았던 것이다. 사람이 누군가에게 실망하게 되는 건 일말의 기대감이 있어서라서 그런지 그녀에겐 그 어떤 실망도 들지 않았다.

　우리는 보통 자기중심적이고, 자신이 돋보여야 하는 사람을 '공주'라고 칭한다. 그리고 그런 공주 옆에는 항상 무수리가 있다고도 한다. 난 내가 돋보이기보다 최대한 눈에 안 띄는 게 좋고, 내 의견을 내기보다 상대방에게 맞춰 주는 게 조금은 더 편한 사람이기에 성향상으론 공주보다 무수리에 가깝다.

그리고 난 여느 여자 아이들의 유년 시절과 다르게 바비 인형이나 공주 놀이 같은 것에는 관심이 없었다. 그래서 가끔 공주가 나온 이야기를 좋아하고, 관련된 상품까지 모으는 친구들을 보면 이해가 안 될 때도 있다. 하지만 디즈니 공주 스토리는 예외다. 어렸을 때 공감하지 못한 공주 이야기가 요즘 나에게 큰 울림을 주고 있더란 말이다. 그건 바로 그 안에 있는 메시지의 힘 때문이 아닐까 한다.

〈신데렐라〉라고 하면 어린 시절 친구들과 손뼉을 치며 부르던 노래가 먼저 생각난다. 부모님을 잃고, 계모와 괴롭히는 새언니들 틈 사이에서 힘들게 살아가는 신데렐라지만, 그 가운데에서도 삶의 행복을 잃지 않은 이유는 돌아가신 엄마가 해주신 말이 가슴에 깊이 새겨 있기 때문이다.

> 더 힘든 사람들도 많을 거예요.
> 중요한 건 용기와 따뜻한 마음을 잃지 않는 거죠.

자신을 괴롭히는 사람들의 말에 신데렐라는 절대 영향받지 않았다. 자신이 사랑하는 사람의 말 덕분에 내면의 중심을 지키면서 살 수 있었던 것이다. 내면이 건강한 사람, 자신의 목표가 무엇인지 분명히 아는 사람은 자신을 방해하는 사람이 있어도 낙담하거나 무너지지 않는다. 맞춰줄 수 있으니 맞춰 주는 것이고, 할 수 있으니 그 자리를 지키는 것이다.

상대방에게 최선을 다한 후에는 그 어떤 미련과 후회를 남기지 않고 자신만의 길을 멋지게 간다. 그때가 그녀에게는 변화할 시기인 것이다. 그리고 아주 부드러우면서도 강하게 말한다. 자신만의 방식으로.

나는 남들에게 맞추며 살진 않을 거야.

착한 아이 콤플렉스를 벗고, 이제 나도 온전히 나의 길을 갈 때가 온 것 같다.

두 번째 이야기
믿음을 잃지 않는다는 것

〈인어공주〉

　나는 지금 가르치는 일을 하고 있지만, 배우고도 있다. 배움은 어느 순간이 되면 끝날 줄 알았는데 나의 인생을 보니 배움도 끝이 없다. 목표한 공부를 마치고 나면 또 다른 배울 거리가 보인다. 배움을 즐겨 하는 사람은 대부분 나와 비슷하지 않을까. 이제 공부 좀 그만 하라고 하는 가족도 있지만, 나는 배우는 게 즐겁고 평생을 이렇게 살지 않을까 한다.

　현재의 나는 뮤지컬과 관련된 공연 분야 공부를 하고 있는데 아이러니한 건 난 10년 터울로 이 분야를 공부하고 있다는 것이다. 물론 공부를 하고 현장에서 경험을 쌓고 또 공부가 필요하다는 생각에 하고 있지만, 예전과 달라진 것이 있다면 이제 진짜 내가 작품을 만들 '때'가 되었다는 점이다. 참 가늘고 길게 왔다는 생각도 들고, 가끔 이것저것에 눈을 돌리지 않고 한 가지에 매진했다면 뭐라도 이루지 않았을까 하는 생각도 하지만 아직 늦지 않았다는 것은 사실이다. 사람 각자에게 일이 술술 풀리고, 이루어지는 적재적소의 '타이밍'이라는 것은 존재하기 마련이니까.

학교에 가면 어린 친구들과 얘기할 기회가 있는데 대부분 '배우'를 지망하는 친구들이다. 이미 연극이나 뮤지컬 배우로 활동하면서 공부하는 친구도 있지만, 아직 사회에 나가지 않고 학교라는 터전 안에서 순수하게 공부만 하는 친구도 있다.

배우가 되려고 하는 동기나 목적은 다르겠지만 하나의 공통점이 있다면 이 길을 가려고 했을 때 부모님들이 반대를 하셨다는 점이다. 부모님의 전폭적인 지지와 응원을 받으면서 학교를 다니고 공부할 수 있으면 더없이 좋을 텐데, 지지보다 반대가 우세한 것을 보면 척박한 세계임에는 분명하다. 더러는 부모님이 내거는 조건을 충족시키고 인정을 받은 다음에야 이 공부를 할 수 있었다고도 했다.

나 또한 예술대학을 간다고 했을 때, 방송국에서 일을 한다고 했을 때, 부모님은 강력하게 반대하셨다. 이쪽 분야가 평탄하게 가기도 힘들고, 성공하기 힘들다는 것을 조금 더 인생을

네가 간절히 원한다면 넌 할 수 있어.
하지만 넌 하고 또 하고 또 해야 해
그럼 넌 마침내 할 수 있을 거야.

살아보신 어른들은 아신다는 거다. 하지만 이쪽 분야로 가겠다는 꿈을 꾸었을 때 그 마음은 누구보다 간절하기에 제지할 수 없다는 것도 안다. 이 길을 가다가 중도에 다른 뜻이 생겨 포기할지언정 꿈을 꾼 사람은 어떻게든 전진한다는 말이다.

수년간 방송계와 뮤지컬 쪽에 몸담으면서 그리고 성장하는 배우들을 보면서 느끼는 점은 잘될 사람은 떡잎 때부터 보인다는 것인데, 비단 외적인 모습만 보고 말하는 것은 아니다. 그 사람이 가지고 있는 삶에 대한 태도와 행동에서 그 모든 것을 알 수 있고, 진정성과 성실성을 가지고 있는 사람은 결국 빛을 발하는 것을 볼 수 있다.

무명 시기를 거쳐 유명세에 올라선 친구에게 물어보면 하나같이 이런 말을 한다. 무엇보다 자신을 믿었다고. 그리고 최선을 다했다고. 어떤 누가 자신에게 부정적인 말을 해도 그들은 믿지 않았고, 오직 해낼 거라는 신념을 가지고 있었다. 그리고 그런 친구를 보면서 노력은 재능을 이길 수 있다는 말을 실감한다.

> 네가 간절히 원한다면 넌 할 수 있어.
> 하지만 넌 하고 또 하고 또 해야 해
> 그럼 넌 마침내 할 수 있을 거야.

성공에는 어떠한 비결도 없다. 그저 간절히 원하는 것. 그러면 행동하게 되어 있고, 그 행동에 따라 마침내 하고 싶었던 일을 하며 자신도 모르는 사이에 원하던 자리에 서 있는 것이다. 피터 드러커는 《자기 경영 노트》에서 이렇게 말한다.

"아무도 쳐다보지 않는다고 해서 스스로 사라지지 마라. 그들이 고개를 들어 나를 바라볼 때까지 기다려라. 퇴장만 하지 않으면 반드시 누군가가 나를 기어이 본다"라고.

난 내가 원하는 것을 모두 이루면서 살았다고 자부한다. 그 힘은 계속해서 꿈을 꾸고 해야 할 시기에 행동했던 것이다. 그것이 이루어질 때까지. 그리고 시작은 미약할지라도 나중엔 창대케 되리라는 말을 새기면서 전적으로 나를 믿었다. 간절히 원하고, 나를 믿고, 계속하다 보면 기적은 일어나는 것이다. 절대 이룰 수 없을 것만 같았던 왕자와의 사랑을 이루고 사람이 된 인어공주처럼······.

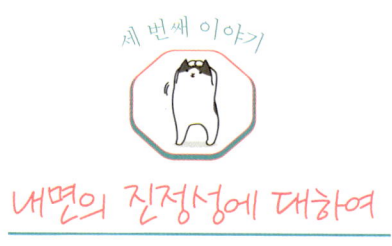

내면의 진정성에 대하여

〈알라딘〉

남자가 여자를 처음 만나서 첫눈에 반해 사랑에 빠지는 데까지 걸리는 시간은 얼마나 될까? 과학자들은 8.2초라고 말한다. 4초 안에 시선이 다른 곳으로 향하면 남자는 여자에게 별로 관심이 없다는 뜻이다. 여자에게 남자의 시선이 오래 머물수록 호감과 애정도가 크다는 것을 알 수 있다. 그렇다면 여자는 어떨까? 여자는 남자에게 끌리든 끌리지 않든 동일한 시간 동안 시선을 둔다고 영국의 유력 일간지 텔레그라프 연구팀은 말하고 있다.

애니메이션 〈알라딘〉에서 알라딘은 자스민 공주를 만나고 첫눈에 반한다. 그리고 자신을 아바브 왕자라고 속인다. 그리고 알라딘의 삶은 점점 거짓과 허세로 가득하게 된다. 원래 자신의 모습이 들통나면 자스민 공주가 자신에게 열었던 마음을 닫을 거라 생각하기 때문이다.

'이 정도면 괜찮겠지' 생각한 작은 거짓말이 불어나는 건 한순간이다. 그 거짓말을 덮으려면 계속해서 다른 거짓말을 해야 하기 때문이다. 그리고 나중에는 수습할 수 없는 상황이 될 수도 있다. 자스민 공주에게 잘 보이려고 시작한 거짓말 탓에 알라딘은 위태로워졌다. 그리고 그 모습을 보다 못한 지니는 알라딘에게 진심으로 충고한다.

거짓으로 얻는 게 많을수록 진짜로 얻는 것은 적어지지.

자신의 진정한 모습이 아닌 거짓으로 얻는 것은 언젠가 물거품처럼 사라지고 만다. 거짓말로 크게 부풀려진 것은 진실 하나가 건드리는 순간 꺼질 수도 있는 법이다. 마치 뾰족한 바늘로 풍선을 찌르면 터져 버리는 것처럼.

사람과 사람이 처음 만나 외모와 그럴듯한 말솜씨로 사람의 마음을 사고, 호감을 불러일으킬 수 있지만 결국 그 관계를 유지하게 하는 건 내면에 있는 마음과 태도일 것이다. 그리고 오랜 시간을 함께하다 보면 외모보다 내면이 드러나게 된다. 그리고 그 내면은 외면으로도 나타난다.

어느 날 친구가 어떤 사진을 보내왔다. 자신의 아들 졸업식에 참여한 어느 재벌의 사진이었고 그에 대한 기사였다. 그 친구는 이렇게 말했다.

"사진에서만 봐도 그녀의 기품이 느껴지지 않니. 돈이 가져다주는 힘인 걸까?"

비단 그녀의 외모만을 가지고 한 말이 아니었다. 외모에서 풍기는 그녀만의 분위기를 두고 말하는 것이었다. 우리가 건강한 음식을 먹으면 외적으로도 건강함이 보이는 것처럼 내면에 무엇을 채우느냐에 따라 그 내면의 것이 외부로도 흘러나오기 마련이다. 표면적인 문제가 아닌 그 사람이 지닌 전체적인 모습인 것이다. 그리고 그건 단순히 외적으로 '예쁘다, 잘 생겼다'의 문제가 아니다. 그것에 '매력'이란 이름을 붙일 수 있다.

알라딘은 자신이 뱉어놓은 말 때문에 자신을 왕자로 만들어 달라고 지니에게 소원을 말한다. 그리고 외적으로 그럴듯한 왕자의 모습을 갖추게 된 알라딘. 그런데 왕자로서의 품위는 어떻게 드러내야 하는지, 말은 어떻게 하고 행동은 어떻게 해야 하는지 모른다. 그리고 무엇보다 자스민 공주에게 어떻게 다가가야 하는지 몰라 망설이는 알라딘에게 지니는 또 한마디를 한다.

> 난 너의 겉모습을 왕자로 바꾸어 주었지.
> 너의 내면까지 바꾸지는 못해.

결국 외적인 변화와 함께 변해야 할 건 내면이 아닐까? 아무리 외면을 그럴듯하게 바꾸었다 하더라도 내면이 바뀌지 않으면 소용이 없으니까. 왕자의 모습을 하고 있었지만, 좀도둑이라는 자신의 정체성을 계속해서 가지고 간다면 어느 순간 태도와 행동에서 드러나게 될 것이다. 잠깐 그런 '척'은 할 수 있어도 오래가진 못할 것이다. 가장 다급한 순간에 자신의 참된 모습이 나오는 것처럼 그 사람이 가진 진정성은 결국 드러나는 법이니까. 그리고 그 진정성은 상대방의 마음을 움직이는 최고의 무기이기도 하니까. 그래서 근본적으로 좋은 것을 내면에 채워야 하는 것이다.

너 자신부터 사랑해

〈미녀와 야수〉

예상치 못한 일이 생겼을 때 한없이 자책하고 후회하는 나와는 달리, 크게 요동하지 않고 침착한 한 친구가 있다. 누가 봐도 짜증이 나고, 불안한 상황이다. 계속해서 좋지 않은 감정에 휩싸여 마음이 진정되지 않던 나는 감정을 드러내지 않고 재빠르게 해결 방법을 모색하고 행동하는 친구에게 질문을 했다.

"너는 이 상황에서 화 안 나? 짜증 안 나?"
"화내고 짜증내면 사랑이 없는 거잖아. 사랑 없는 건 싫어. 그리고 이미 벌어진 일인데 어떻게 하겠어?"

이 친구가 살아가면서 가장 중요하게 생각하는 키워드는 '사랑'이었다. 사랑을 제일 소중하게 생각하며 이 세상을 살아가는 목적은 사랑하기 위함이고, 사랑을 받기 위함이었다. 그렇기에 이 친구는 사랑이 없는 상태를 못 견뎠다. 그만큼 자신을 사랑할 줄 아는 사람이기도 했다. 그 말인즉슨 남이 내리는 판단 따위에 자신을 내맡기지 않았다는 것이다. 그 누가 뭐래도 세상에서 제일 예쁘고 사랑스러운 사람은 본인 자신이었다. 그 자신감이 보기 좋다가도 가끔 '진심으로 그렇게 생각하는 걸까?'라는 생각도 들었지만 정말 진심이었다. 자신을 사랑하는 것은 좋지만, 자기애가 지나치게 넘치는 사람은 남을 배려하는 행동이 조금 약할 때도 있다. 하지만 그녀의 인생관은 나란 존재를 돌아보고, 삶과 사랑을 다시 한 번 생각하는 계기가 되었다. 그리곤 〈미녀와 야수〉에 나온 벨이 떠올랐다.

벨은 자기 자신을 사랑하고, 자신의 삶을 사랑하는 여자다. 독립적이고 진취적인 여자이기도 하며, 자신이 사랑하는 사람을 지키려 노력하는 사람이기도 하다. 반면 저주에 걸려 흉측하게 변해버린 야수는 자신의 외모 때문에 누구에게도 마음을 열지 못하고, 사랑은 더더욱 할 수 없다고 여긴다. 그런 야수에게 벨은 기가 막힌 조언을 해준다.

누군가를 사랑하고자 한다면 너 자신부터 사랑해.

세상에 대해서나 사람에 대해서나 편견이 없는 사람은 정신이 건강하다고 볼 수 있는데 '벨'이 그런 사람이었다. 야수의 외모만을 봤다면 두렵고 무서웠을 텐데 벨은 그 이면의 것, 마음의 중심을 볼 줄 아는 사람이었다. 흉측한 야수의 외모 뒤에 가려진 '따뜻한 마음'을 볼 수 있었던 것이다. 벨은 아버지를 구하려다 으스스하게 느껴지는 성에 갇히게 되지만 성 안에 있는 모두와 친구가 된다. 그런 그녀를 바라보면서 야수는 그동안 닫아놓았던 마음의 빗장을 열고, 이 둘은 서로에게 점점 가까워진다.

야수는 사실 저주에 걸린 왕자였다. 진정한 사랑을 만나면 모든 저주가 풀리는데, 벨을 만나면서 진정한 사랑을 알게 된다. 저주가 풀리면서 본 모습을 찾은 왕자와 벨은 행복하게 산다는 지극히도 동화적인 이야기다.

하지만 외모와 조건을 따지며 얄팍하게 사랑하려 하는 이 시대에 진정한 사랑에 대한 메시지를 준다. 진짜 자신의 사람을 만나 사랑하는 사람에게는 전에 그렇게 따지던 외모조차 문제가 되지 않는다는 것을 종종 본다. 혼자 있을 때는 그냥 그랬던 사람들이 사랑하는 순간 빛나 보이는 건 서로에게 좋은 영향력을 주는 진짜 사랑을 만나서 그런 것이 아닐까. 그리고 그 사랑은 보는 사람으로 하여금 진짜라고 느끼게 만든다.

누군가를 사랑하고자 한다면
너 자신부터 사랑해.

> 사랑은 비천한 것도 귀하게 만들지
> 사랑하면 눈이 아닌 마음으로 보거든
> 그래서 그림 속의 큐피드는 늘 장님이라네.

사랑이란 것은 어쩌면 우리 생각보다 더 큰 능력을 발휘하는 것 같기도 하다. 결국 세상의 모든 것은 사랑이 있고 없음으로 분류될 수 있지 않을까. 오래 전부터 심리학자와 사회학자들은 사랑은 저절로 생기는 것이 아니라 배우는 것이라고 말해 왔다는데……. 비천한 것도 귀하게 만드는 진정한 사랑, 일생에 한 번은 해봐야 하지 않을까. 이것저것 재지 말고 온전히 주고받는, 그 때문에 인생이 더할 나위 없게 느껴지는 '사랑' 말이다.

중요한 건 내가 생각하는 나

〈인어공주〉

    드라마 〈청춘시대〉는 각기 다른 다섯 명의 여대생이 셰어하우스에 모여 살면서 벌어지는 이야기다. 무엇보다 다섯 명의 캐릭터가 모두 달라 드라마를 보는 맛이 쏠쏠했다. 드라마를 시청하면서 인상 깊었던 한 장면을 소개하려 한다. 다섯 명 중 여성스러운 캐릭터의 한 친구는 남자 친구와의 연애에서 주도적이지 못하고 항상 끌려 다닌다. 그녀가 어느 날 남자 친구에게 데이트폭력을 당하고 심리치료를 받는 장면이 나온다. 그녀는 함께 살고 있는 친구의 이야기를 순서대로 하며 "어쩜 그럴 수 있어요?"를 남발한다. 상담하는 의사는 이야기를 끝까지 들어주고 나서 나직하게 말한다.

"이제 친구 얘기 말고, 본인의 얘기를 할 수 있을까요?"

이 장면에서 난 뭔지 모를 전율을 느꼈다. '그래, 그게 바로 내가 하려던 말이었어'라고 생각하며 말이다.

내 주변에도 이런 친구가 있다. 그 친구는 본인 이야기는 하지 않고 주변 친구의 일거수일투족만 말한다. 1인칭 주인공 시점으로 인생을 살아도 시간이 부족한데, 이 친구는 항상 3인칭 관찰자 시점이 돼 자신의 무대에 친구만 등장시킨다. 대부분 나로부터 시작되는 대화에 누군가를 넣는다 해도 자신과 관련된 사건과 감정을 중심으로 말하는데 이 친구는 그냥 남의 '~하더라' 통신을 전하는 사람인 것만 같았다.

다른 사람의 호수에 있는
해초가 더 푸르게 보이는 법이지.

〈인어공주〉에 나오는 이 대사를 친구에게 읊어주면, 친구는 극구 부인한다. 절대 그녀의 인생이 부러운 게 아니라면서. 자신이라면 절대 그런 남자와 연애를 안 하고, 그런 남자와는 결혼은 더더욱 안 하고, 그렇게 애써서 힘들게 살지 않을 거라면서 말이다. 그래서 그녀는 자신을 피곤하게 하는 그 어떤 시도도 하지 않고 자신의 반려견과 함께, 돈을 버는 일에만 집중하면서 살고 있다. 결국 자신을 배신하지 않고 지켜줄 것은 이 두

가지밖에 없다는 것이다.

다른 사람의 힘듦을 통해 자신의 삶을 위안받으려 하는 사람들이 있다. 솔직히 말해서 자신의 잘된 부분을 말하는 친구보다 고민을 얘기하고 힘든 걸 나누는 친구를 통해 상대적으로 자신의 상황이 낫게 느껴질 수도 있다. 그 때문에 순간의 위로는 받을 수 있을지라도, 객관적으로 생각해 보면 자신의 인생에 득이 되거나 실이 될 것은 하나도 없다. 내가 아닌 남의 어떠함을 보고 우쭐해지거나 잠깐이라도 행복감을 느낀다 해도 그건 금방 사라질 감정이다.

또 다른 한 명의 친구는 자신의 흐트러진 모습을 절대로 남에게 보여줄 수 없다고 했다. 그래서 그녀는 동네 마트를 가더라도 메이크업을 하고 나간다고 했다. 이 부분은 나 빼고, 조금 공감할 수 있는 사람이 있을 수 있겠다. 철저히 남들의 시선에 자신을 놓아두는 삶의 태도가 아닐까 생각해 본다. 그녀는 외적으로 봤을 때 자기 관리를 하지 않은 것 같은 사람을 싫어했다. 외적인 모습 그 자체를 판단하는 것이 아니라 외면에서 그 사람의 평소 습관과 마인드가 나온다는 것이다. 어느 정도 일리가 있는 말이긴 하지만 만약 그 모든 노력이 자신의 만족이 아닌 타인의 시선을 의식한 행동이라면 좀 위험할 수도 있겠다는 생각이 든다.

어쩌다 나도 〈청춘시대〉의 그녀처럼 친구들에 대한 얘기를 하게 됐는데 무의미하게 늘어놓은 것은 아닐 것이라 위안을 하며 그녀들에게 이 말을 해주고 싶다.

> 남들이 어떻게 생각하는지가 아니라
> 나 자신이 어떻게 생각하는지가 중요해.

삶을 다각적인 시선으로 보는 건 중요하지만 그 중심에는 항상 '남'이 아닌 '내'가 있어야 할 것이다. 자기중심적이거나 이기적으로 살자는 말이 아니다. 남은 배려하되 남의 시선을 의식하느라 자신을 버리지는 말자는 이야기다. 어느 누가 나에 대해 뭐라고 하든 결국 중요한 건 내가 생각하는 나의 모습이 아닐까. 오늘은 그런 나와 조금 더 친해지는 시간을 가져야겠다.

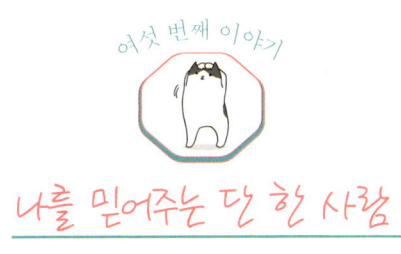

나를 믿어주는 단 한 사람

〈라이언킹〉

'어린 시절에 특정한 어려움을 겪은 사람이 자라서 문제를 일으킬 가능성이 클까?'

뉴스를 보다가 의문이 들었는데 이 질문에 '그렇다'라고 대답할 사람들이 많지 않을까 한다. 이 문제에 대한 궁금증을 해결하려면 에미 워너 심리학자의 연구를 들여다볼 필요가 있다. 에미 워너 심리학자는 이 문제에 구체적인 인과관계가 있는지 찾아내려고 애썼다.

연구의 일환으로 가장 열악한 환경에서 자란 201명을 추려냈고, 그중에는 카우아이섬에서 태어난 아이들이 있었다. 1995년에 카우아이섬에서 태어난 아이들 대부분이 불우한 환경에서 태어났다고 단정할 수 있을 만큼 사회 경제적 여건이 매우 열악했다고 한다.

201명의 공통점이 있다면 극빈층에서 태어났다는 것이다. 가정불화가 심하거나 부모는 별거 또는 이혼 상태였고, 그중 엄마나 아빠는 알코올 중독이나 정신질환을 앓고 있었다. 그들의 성장 과정을 보면 학교 생활에 적응하지 못했고, 학습 장애가 있었으며, 집이나 학교에서 많은 갈등을 일으켰다. 이들이 자라서 18세가 되었을 때는 상당수가 폭력 사건에 연루돼 소년원을 들락거렸거나 이미 여러 차례 범죄를 저지른 기록을 가지고 있었다. 그리고 어떤 친구는 정신질환을 앓거나 미혼모가 되어 있었다. 아마 여기까지 보고서 '그럼 그렇지'라고 생각한 사람들이 많을 것이다.

하지만 이 연구에도 반전이 있었다. 201명 중 72명의 아이들은 별다른 문제를 보이지 않고 훌륭하게 성장했다는 사실이다. 그렇다면 이들이 바르게 성장할 수 있었던 원동력이 무엇인지 궁금하지 않을 수 없다. 살펴보면 어려운 환경에도 불구하고 잘 자란 아이들에게는 지지해주는 '어른'이 적어도 한 명은 있었다. 아이의 입장을 무조건 이해해주고 받아주는 그런 어른이 말이다. 가족이라도, 친척이라도, 아니면 정말 피가 섞이지 않은 누군가라도 아이들이 제대로 성장하는 과정에서 가장 중요한 무조건적인 지지와 사랑을 해줘야 한다는 것을 잘 보여주고 있다.

네 안을 들여다보렴.
넌 네가 생각하는 것보다 더 큰 존재란다.

> 네 안을 들여다보렴.
> 넌 네가 생각하는 것보다 더 큰 존재란다.

〈라이언킹〉에서 아버지 무파사가 아들 심바에게 해준 말처럼. 세상에서 아이들을 믿어주는 단 한 사람만 있어도 아이들은 날개를 달고 자신의 삶을 제대로 살 수 있다. 그리고 자신이 생각하는 것보다 더 큰 존재도 될 수 있다. 그 믿음 덕분에. 결국 사람은 사랑을 먹고 자란다는 뜻이다. 사랑을 받은 아이는 자기 자신에 대한 믿음, 자아존중감을 기르며 사회 속에서 자신의 입지를 굳히고 다른 사람과 올바르게 소통하는 법을 배워간다.

하지만 아이들이 아직 기준이 잡혀 있지 않아 위험한 행동을 할 때 바로잡아 주는 것 또한 어른이 할 일이다. 아이들은 아직 경험이 많지 않아 판단력이 아직 성장하지 않았기 때문에 크고 작은 사고를 치기도 한다. 그리고 그 경험에서 배우면서 성장한다.

권력이 있는 곳에는 그 권력을 탐하는 사람이 있기 마련이고 그 권력을 차지하려고 수단과 방법을 가리지 않는다. 정글의 왕 무파사에게는 동생인 스카가 있었다. 그리고 스카는 무파사의 아들 어린 심바에게 저 멀리에 있는 '코끼리 무덤'에 대해 말한다. 용감한 사람만 가는 곳이라고 하면서. 하지만 거긴 심바를 노리는 하이에나들이 있는 소굴이었다. 아직 어려서 무엇이 진실인지 모르는 심바에게 무파사는 걱정되는 마음으로 말한다.

> 나는 내가 용감해야 할 때만 용감해져.
> 용감하다는 건 사고 치는 것과는 달라.

    심바에게는 아버지가 절대적인 존재였다. 자신을 온전히 사랑해 주고 받아 주고, 아닌 것에는 채찍질도 해주는 그런 너무나도 큰 존재. 그런데 그런 아버지가 자신 때문에 돌아가셨다고 생각한다. 그 죄책감에 심바는 정글을 떠나고 방황하지만, 또 그 가운데 좋은 친구를 만나게 된다. 그리고 다시 본연의 모습으로 돌아온다.
    심바가 머나먼 길을 돌아서도 본연의 모습을 잃지 않고 결국엔 그 능력을 발휘할 수 있었던 이유는 어린 시절에 받은 무조건적인 이해와 사랑이 있었기 때문이다. 우리 모두에게는 그 한 사람이 있었을 것이고, 또 누군가에게는 그 한 사람이 되어주고 있을 것이다.

직접 세상을 보고 만지는 힘

〈알라딘〉

어린 시절을 떠올리면 창문 밖을 보면서 더 넓은 세상으로 나가겠다고 꿈꾸는 소녀가 보인다. 창문을 열면 보이는 건 산과 들뿐이었지만, 상상 속 소녀의 꿈은 원대했었다. 작은 곳에서 아옹다옹 살면서 어쩔 수 없이 계급으로 신분이 나뉘는 그런 세계가 싫었던 것이다. 군인 가족은 철저히 어깨 위에 있는 모양으로 사람의 위치가 매겨지니까. 너무나도 가까울 수밖에 없는 사람들, 서로의 일거수일투족에 관심이 많은 그 환경이 그 소녀에게는 맞지 않았다. 그래서 그 소녀는 계속해서 꿈을 꾸었다. 전 세계를 돌아다니는 꿈도 그중 하나였다. 그리고 그 소녀는 어느 순간 그 어린 시절에 상상한 그 모든 일이 현실로 일어났다는 것을 알게 된다.

그 소녀가 바로 나다. 어린 시절부터 책을 많이 읽으며 책에서 말하는 것들을 경험하고 싶다고 생각했다. 그중 한국이 아닌 세계를 여행하겠다는 꿈이 있었다. 책으로 보는 것과 실제 가보는 것은 많은 차이가 있으니까. 그리고 20대 초반에 부푼 꿈을 품고 첫 배낭여행 길에 올랐다. 내 과거를 돌아봤을 때 제일 잘한 일을 꼽는다면 여행이 아닐까 한다. 그로 인해 세상을 바라보는 시각이 조금은 넓어졌으니까. 세상 모든 것엔 그만한 이유가 있다는 시선을 가지고, 웬만하면 사람을 이해하게 됐으니까.

그렇게 점점 난 안정을 추구하기보다 자유를 갈망하는 사람이 되어갔다. 그리고 전에 삶의 방식으로 생각했던 것들을 이루어나갔다. 그게 남들이 말하는 평범한 삶은 아닐지언정 나만의 행복한 삶을 정의해 나갔다. 자유를 얻는다는 건 많은 책임이 동반된다는 것을 처절하게 갈망하고 행동해본 사람은 안다. 자유를 느끼기 위해 두려움도 마주해야 하고, 그 두려움을 넘어서는 법도 배워야 한다. 그리고 그건 철저히 경험으로만 배울 수 있다. 그리고 결국엔 자신을 인정하고, 표면적인 안정이 아닌 내면 깊이 우러나오는 안정감을 느끼게 된다.

그래서 난 무언가에 도전하고, 쟁취하고, 어디론가 떠나는 그런 이야기를 좋아하고 공감을 잘한다. 뮤지컬을 좋아하는데 그중에서도 디즈니를 사랑하는 내가 정말 좋아하는 장면과 노래를 손꼽는다면 〈알라딘〉의 'Whole new world(아름다운 세상)'이며 그 노래를 부르기 전의 장면이다.

알라딘은 자스민 공주를 만나 함께 신나는 모험을 하자고 제안한다. 그건 마법 양탄자를 타고 더 넓고 아름다운 세상을 보는 일이다. 하지만 자스민 공주는 해본 적이 없기에 선뜻 용기를 낼 수 없다. 자스민은 그동안 성 밖으로 자유롭게 나갈 수 없어 책으로 경험을 얻고, 지도를 보면서 세상을 공부했다. 그런 자스민 공주에게 알라딘은 용기를 북돋아 주면서 말한다.

지도로 세상을 바라볼 수 없어요. 세상을 직접 보아야 해요!

그리고 그들은 그 누구보다 신나고 짜릿한 경험을 한다. 조그마한 용기를 갖고 그저 한 발을 내디딤으로써 앞으로 평생 기억할 굉장한 추억을 만든 것이다. 나 또한 생각하면 잠시 잠깐의 귀찮음과 두려움을 벗어버리고 했던 행동 덕분에 최고의 순간을 맞이한 적이 많다. 그리고 그 순간들은 살아가면서 많은 힘이 되곤 한다.

책으로만 접하는 것과 직접 접하고 경험하는 것 사이에는 많은 차이가 있다. 텍스트로 접하고 머릿속에 정리돼 모두 안다고 생각하는 것도 실전으로 들어가면 얘기가 달라진다. 직접 부딪히고 경험하는 과정 중에 배우는 것도 많고 그 세상이 전부가 아님을 알게 된다. 그렇기에 자만하지 않게 되고 겸손해지며 다름을 인정할 수 있게 된다. 하지만 누구나 이런 경험을 하면서 살아야 하는 건 아닐 거다. 누군가에겐 책으로 접하는 세상이 더 맞을 수도 있고, 또 다른 누군가에겐 직접 부딪히면서 겪는 게 더 좋을 수 있다. 각자의 성향에 따라 다를 것이다.

우선 자신이 무엇을 원하는지, 자신에게 어울리는 것이 무엇인지 알아야 한다. 자신에게 맞는 옷이 무엇인지 알려면 눈으로만 보지 말고 그 옷을 직접 입어봐야 하듯, 그것을 찾으려면 직접 경험해야 한다는 사실은 부인할 수 없다. 아직 다른 사람이 나보다 나아 보이고, 자신의 삶에 만족을 못 하고 있다면 자신에게 맞는 옷이 무엇인지 아직 못 찾았기 때문이다. 그렇다면 직접 세상을 더 보고 경험하는 일에 좀 더 시간을 투자해야 한다. 그렇게 자신을 알아가다 보면 인생을 걸 만한 자신만의 일도 찾게 될 것이다.

젊게 살기에 너무 늦은 나이란 없어

〈백설공주〉

'모델'이라고 하면 어떤 이미지가 생각나는가? 대부분 비슷한 이미지가 떠오를 것이다. 마른 체형을 가진 젊은 사람이 시크하게 포즈를 취하거나 멋지게 걷는 장면이 연상된다. 그런데 요즘 모델을 하겠다며 시니어들이 도전하고 활동을 하고 있다. 그들은 나이 들어가면서 할 수 있는 것이 무엇이 있을지 찾다가 도전하게 되었다고도 한다. 활동이 생활의 활력소가 되고 있음은 물론이고, 다른 사람에게도 희망이 되고 있다. 시니어 모델 분야는 기존의 발상을 깨고 하나의 트렌드로 자리 잡고 있다.

한 해 한 해 나이가 들어가면서 나도 모르게 '나이가 들어서'

라는 말을 달고 살았다. 20대 때의 체력과 열정을 그리워하고, 부러워하면서 현재의 상태에 만족하지 못했다. 그리고 점점 도전을 꺼리게 되었다. 나도 모르게 나를 제한하고 있었던 것이다. 그런데 나이를 불문하고 여러 방면으로 도전해서 성공하는 시니어 분들을 보면서 다시 한 번 생각을 고쳐먹게 된다.

마음이 늙지 않으면, 사람은 영원히 늙지 않아.

아직도 젊은 마인드를 가지고 도전하는 분들이 하고 싶은 말이 아니었을까. 나이를 먹어 늙어가는 것보다 무서운 건 마음이 늙어가는 것이다. 나이가 들어도 활력 있게 하고 싶은 것을 이루면서 사는 사람들이 있고, 어리다고 해도 마음에 생기가 없어 그저 막막하게 하루하루를 보내는 사람도 있다. 그리고 마음이 늙지 않은 사람은 젊은이들과 과감하게 소통하며 세상 즐겁게 살고 계신다.

시니어 모델 김칠두 씨와 유튜버 박막례 씨가 대표적인 분들이 아닐까. 이분들은 기존 노인의 이미지를 과감히 깬 스타일을 선보이며 젊은 층과 소통하면서 자신이 원하는 것을 이루어 내고, 사람들에게 영향력을 발휘하며, 한국을 넘어 전 세계적에서 활동하고 있다. 늦은 나이에 패션모델로 데뷔해 광고 모델로도 활동하고 계신 김칠두 씨는 이렇게 말씀하신다.

젊게 살기에
너무 늦은 나이란 없어.

"모든 사람들이 무슨 일을 할 때 두려움을 갖더라고요. 저는 근데 이렇게 살아오면서 그런 걸 안 느꼈어요. 내가 사업에 실패해도 그것에 연연하지 않고, 바로 돌아서서 다른 일을 찾고 무엇을 하면 좋을까 생각했어요. 누구나 다 두려움은 있지만, 그것에 두려움을 갖지 말고 자기 자신이 하고 싶은 걸 한 번씩 마음껏 해봤으면 좋겠어요."

자신이 하고 싶은 일을 온전히 하며 사는 사람이 얼마나 될까? 누군가는 상황을, 또 다른 누군가는 체력과 나이를 탓하며 도전하지 못하는 것을 본다. 하지만 하고 싶은 것과 목표가 분명한 사람들은 그 어떤 핑계를 댈 시간도 없고 대지도 않는다는 것을 안다. 그저 묵묵히 앞으로 나아갈 뿐이다. 그들의 삶에 실패란 것은 없고 오직 경험만이 존재할 뿐이다. 목표로 한 일이 잘 안 됐을지라도 다른 방법을 찾으면 되는 것이다. 그런 자세로 계속 달려 나가다 보면 결국 그 목표를 이루는 날이 온다. 중요한 건 마음의 자세다.

그 나이답게 살지 않은 사람들이 철이 없다고 생각한 적이 있다. 그런데 과연 '그 나이답다는 건 무엇일까?', '나이다운 게 과연 존재하는 것일까?' 이러한 질문을 해본다. 그건 우리가 만들어 놓은 편견일 수도 있겠다는 생각이 든다. 알게 모르게 우린 보이지 않는 규율을 만들어 놓고 규율에서 조금이라도 어굿나는 삶을 잘 못 참는다. 우리의 생각을 불안하게 만드는 모든 것으로부터 벗어나야 한다.

'늙는 게 두려우면 노인이다'라는 말이 있다. 그렇다면 두려움이라는 감정과 싸워 이기는 게 늙지 않는 최고의 방법 아닐까? 두려움이 없다면 과감하게 하고 싶었던 것에 도전하면서 누구보다 젊게 살아갈 테니 말이다. 그러니 우리 표면적인 나이 먹음을 두려워하지 말자. 중요한 건 내 마음, 그리고 내 생각이 늙지 않게 보호하는 일일 테니······. 그래서 마지막으로 이렇게 외치고 싶다.

젊게 살기에 너무 늦은 나이란 없어.

아홉 번째 이야기

<u>가장 최고의 것이 오고 있는 중이니까</u>

〈인어공주〉

　주위를 둘러본다. 일찍감치 인연을 만나 결혼하고 가정을 이룬 친구도 있고, 아직 싱글의 삶을 즐기는 친구도 있다. 아직 결혼하지 않은 친구는 "꼭 결혼을 해야 하는 것일까? 지금 이대로 좋으면 되는 거 아니야?"라는 말을 하곤 한다. 불과 몇 년 전만 해도 어떻게든 결혼하겠다며 자신의 짝을 찾아 이런 저런 모임에 나가 행여 있을 자신의 반쪽을 위해 기도하던 자매들이 이제는 혼자 할 수 있는 발전적인 일에 열을 올리고 있다. 시대가 많이 변해 가고 있긴 한 것 같다.

　그 와중에 결혼에 이미 골인한 친구들은 말한다. 결혼할 때가 되어 보니 옆에 그 사람이 있었고, 그냥 자연스럽게 결혼이란 것을 하게 될 거라고. 굳이 애써서 이루어야 하는 관계가 아니라 자연스럽게 이루어지는 관계. 그게 바로 자신의 인연이 아닐까 한다.

어렸을 때부터 약간 청개구리 심보가 있었던 나는 누구보다 평범한 인생을 살기 원했지만 때로는 발칙한 호기심 앞에 온몸을 내던지곤 했다. 남자를 만나는 부분에서도 그랬다. 어차피 결혼하면 평생 한 사람과 살 거라는 생각은 20대가 된 여자에겐 답답함으로 다가왔고, 그러니까 최대한 다양한 남자들을 만나봐야겠다고 생각했었다.

그래서 서울에서 대학 생활을 하던 20대 초반에는 서울에 있는 모든 학교의 남자를 만나보자는 계획을 세웠었고, 20대 후반에는 국제 연애를 하면서 각 나라별로 남자를 만나보자는 생각을 했었다. 어느 정도의 목표를 달성했다는 건 연애가 짧게 끝난 경우가 많다는 뜻일 거다. 이런 태도는 나에게 여러 종류의 경험을 하게 했지만, 항상 다음에 더 좋은 것이 존재할 거라는 이상한 희망을 갖게 했다.

그렇다고 그때그때 최선을 다하지 않았던 것은 아니다. 난 항상 나에게 다가온 사람에게 한없이 빠져들었고, 그 사람과 결혼할 것이라는 마음으로 연애했다.

결국 인연이 닿지 않았던 사람들을 떠올리면서 이렇게 안위

하곤 한다.

"그 사람이랑 잘되었더라도 문제가 많았을 거야. 행복하지 않았을 거야."

이뤄지지 않았으니 할 수 있는 말이긴 하겠지만.

생각해 보면 어쩜 그렇게 건강하지 못한, 소위 말하는 나쁜 남자만 선택해서 연애를 했을까도 싶지만 어떤 누구에게 난 나쁜 여자이기도 했다. 상대방에게 나쁜 사람은 상대방이 마음을 쏟는 것보다 마음을 덜 쏟을 때 된다. 서로를 향한 마음이 같거나, 같지 않더라도 엎치락뒤치락 하는 마음에 노력과 정성이라는 양념을 더해 솔직하고 진정성 있게 관계를 이루어가더라도 결국 내 맘과 같지 않으면 나쁘다고 표현하게 된다.

20대 때는 어떻게든 사랑을 하려고 했었고, 감정의 나락을 겪은 20대 후반의 연애 후에는 남자에게 마음을 주는 생활을 청산했다. 그후에 만나는 사람에게는 내가 다치지 않으려고 최소한의 마음만 보여주려 했다. 그리고 남자를 만나는 일보다 나의 발전을 꾀하는 일을 찾아 최선을 다했다.

20대 때의 내 모습을 이해하지 못하던 한 친구는 30대 중반이 되어서야 진짜 연애를 시작했다. 누구보다 순수했던 그녀는 목적을 가지고 다가오는 남자를 알아차리지 못했고, 계속해서 마음에 스크래치가 남았다. 그녀도 내가 겪은 것과 마찬가지로 남자가 다가올 때마다 이 사람이 나의 마지막 사람이기를 꿈꾸면서 최선을 다해 사랑했다. 하지만 그들은 모두 사랑하면 안 될 남자들이었다. 이 말인즉슨 자신의 신분을 속이는 등의 거짓말을 하고 다가왔다는 것이다.

사랑이라는 감정에 빠져 있을 때는 허우적대지만 결국엔 시간의 흐름에 따라 아닌 건 드러나게 되어 있고, 그때는 좀 더 객관적으로 볼 수 있다. 그리고 어느 날 결국 인연이 되지 않은 과거의 남자들을 떠올리며 안도가 섞인 말을 하고 있다.

"그때 걔랑 안 된 게 얼마나 다행인지 몰라."
"그치? 걔랑 결혼했더라면 어쩔 뻔했어. 아휴! 생각만 해도 끔찍해."

어른들은 말한다. 눈을 좀 낮추라고. 그러면 결혼을 할 수 있다고. 하지만 인연을 만난다는 건 비단 눈을 낮추는 문제가 아니다. 누구보다 간절했고, 최선을 다했지만 그냥 맞는 사람을 아직 만나지 못한 것뿐이다. 그리고 그 시기는 누구나 다른 것이다. 그냥 인어공주에 나오는 대사를 믿고 싶을 뿐인 것이다.

운명의 그 사람은 너를 향해 오고 있어
그것도 최대한 빠른 걸음으로 말이야.

평생을 같이할 수 있는 운명이란 것. 누군가에겐 일찍 올 수도 있지만, 누군가에겐 천천히 올 수도 있다. 쉽게 왔을 땐 쉽게 떠날 수도 있고, 나중에 만나더라도 세상 행복하게 살 수 있는 것이다. 그냥 믿을 건 운명의 그 사람이 빠른 걸음으로 오고 있으리라는 믿음. 그러니 걱정하지 말고 지금의 삶에 최선을 다하며 즐기자.

열 번째 이야기

좋은 지도자가 세상을 이끌어 주었으면…

〈라이언킹〉

　드라마 〈이태원 클라쓰〉를 보다 보면 온갖 어려움을 이겨내고 소신 있게 자신의 일을 이루어가는 주인공 박새로이의 리더십에 집중하게 된다. 작은 포차를 운영하면서 요식업계의 기업으로 키워가려고 절차를 밟고 있는 주인공은 '장사는 사람이다'라는 마인드를 가지고 직원 한 명 한 명을 소중히 대한다. 큰 기업을 이루고 악한 마음으로 운영하는 다른 캐릭터와 많은 비교가 된다. 물론 드라마여서 그런 설정을 했겠지만, 그래도 많은 인사이트를 얻게 된다. 삶을 대하는, 사람을 대하는 태도에서 말이다. 어쩌면 융통성이 없어 보이는 사람이지만, 그 소신을 가지고 사람을 소중하게 생각하다 보니 자신을 지지하고 도와주는 사람이 옆에 붙고, 그 구성원 덕분에 위기가 오더라도 함께 헤쳐 나간다.

  세상의 이야기에 귀를 기울이기보다 내가 하고 싶은 일에 집중하면서 대부분의 시간을 보내 왔다. 그래서인지 세상에 대해 별로 관심이 없는데 결혼한 친구를 만나면 시선이 달라진다. 현실 감각이 월등히 발달하고, 대부분 결혼 전(아니 아이를 낳기 전이라는 표현이 맞겠다)에는 관심 없었던 정치에 관심을 보인다. 정책에 따라 삶의 환경이 확연하게 달라지니 예민해질 수밖에 없다고 한다.

  이 부분에서 진정한 리더십이라는 것은 무엇인지, 리더의 자질은 어떤 게 있을지 생각하게 된다. 어렸을 때부터 난 무언가를 책임지거나 사람들 앞에서 어떤 일을 선동하는 것과는 무관한 사람이었다. 그냥 묵묵히 뒤에서 최선을 다하는 사람이 나에겐 어울렸다. 학창 시절에는 리더의 위치에 서 있을 기회가 여러 번 있었지만 나는 한사코 거절하며 살았다. 하지만 어른이 되면서는 내 의사와는 무관하게 리더의 위치에 있을 때가 많았다. 그리고 전에는 보이지 않던 것이 보이기 시작했다. 작은 조직체부터 큰 기업까지 이끄는 지도자의 위치에 서 있는 사람이라면 〈라이언킹〉에 나온 대사를 사유해 봐도 좋을 것 같다. 무파사가 아들 심바에게 한 말이다.

> 네가 보는 세상 모든 것은 미묘한 균형을 이루며 함께 공존한단다.
> 왕으로서는 균형을 이해하고 모든 생명을 존중해야 하지,
> 기어 다니는 개미부터 뛰어다니는 영양까지 모든 생물들을.

내가 속해 있는 곳에서 지도자의 위치에 있는 사람들을 볼 때 존경하게 되는 분들이 있다. 그분들은 하나같이 함께 있는 구성원 모두를 챙긴다. 그분들의 시야는 참 넓고, 다른 사람들의 의견을 이해하고 받아들이기 위해 노력한다. 그렇다고 해서 모두 다 받아들이진 않고 그 가운데 잘라낼 것을 자르면서 결단력을 발휘한다. 그분들을 보면서 또 한 가지 배운다.

혼자서는 살 수 없는 세상이다. 지도자의 위치에 있는 사람은 구성원을 생각해야 하고, 구성원은 지도자를 믿고 따라야 한다. 기본적인 것임에도 불구하고 유지되기 쉽지 않다. 세상에는 다양한 사람이 존재하고, 서로 다른 성향의 사람들이 함께 어우러지다 보면 삐걱거릴 수도 있지만, 그 가운데서도 서로를 배려하면서 믿음과 신뢰로 하나가 되는 세상이 되었으면 한다. 모두가 공존하면서 사는 행복한 세상을 위해 모든 것이 균형을 이뤘으면 한다. 어느 누구도 열외가 되지 않기를 바랄 뿐이다.